छंदामृत

(छंद संग्रह)

अशोक पटसारिया 'नादान'

Title   :   Chhandamrit

Author   :   Ashok Patsariya 'Nadan'

Edition   :   First (September, 2024)

ISBN   :   9788197950599

Copyright © 2024, All Rights Reserved by Author

Published by

PRACHI
DIGITAL PUBLICATION

Regd. Add.: 254, Khuriyakhatta No. 10, Bindukhatta,
Lalkuan, Nainital - 262402, Uttarakhand, India
Website : www.prachidigital.com
E-mail : info@prachidigital.in
Phone : +91 976041 7980, +91 976041 8103

Printed by :
Manipal Technologies Limited, Bengaluru - 560001, Karnataka

✍ समर्पण

पूज्य गुरुवर छंदाचार्य डा.रामनाथ साहू "ननकी" जी
के चरणों में यह "छंदामृत" समर्पित करके
मैं धन्य हो गया।

#विधा ---- समवार्णिक
#आधार छंद - मत्तगयंद सवैया
#गणावली --- 7 भगण + गग
#अंकावली--- S11-S11-S11-S11-S11-S11-S11-SS

#सृजन शीर्षक -- गुरुदेव (3) युग्म

शेष महेश गणेश मनावत ग्राम सुदेव सदा बलिहारी।
आन करो सब काज सुपावन हे गुरुदेव बनो शुभकारी।।
मंगल आसन डाल दई निज देह सुगेह करो रखवारी।
बुद्धि विवेक प्रदान करो अब दास गहो निज बाँह पसारी।।

हे गुरुदेव दया करुणाकर जीवन को बहुमूल्य बनाओ।
छंद विधान निधान बने हम हेतु अहेतु कृपा बरसाओ।।
शब्द विभेद करें हम साधक छंद विधान हमें सिखलाओ।
छंद लिखें नव छंद लिखें हम देव सुधर्म हमें बतलाओ।।

मात पिता गुरुदेव तुम्हीं अब लाज रखो हे जीवन दाता।
पावन है मन भावन ये तन साधन धाम यही कहलाता।।
अंतर्ज्ञान कहाँ मिलता इस जीवन के तुम हेतु विधाता।
जीवन में जब ब्रह्म मिले तब एक विशेष बने यह नाता।।

✎ अशोक पटसारिया नादान

 मंगल कामनायें

एक ओर जहाँ लोग छल-छंदों में व्यस्त हैं, वहीं श्री अशोक पटसारिया नादान जी छंदों की पुरातन विधा की साधना में लगे हुए हैं। महर्षि पिंगल के छंदों को संरक्षित करने का सफ़ल प्रयास किया जा रहा है। "छंदामृत" इसी का सफल प्रयास है।

रचनाकार ने भाषा बंधनों से निकलकर भाव संप्रेषण को वरीयता दी है। वर्षों की कठिन साधना के फल स्वरूप शब्दों को छंदों के पैरामीटर पर लिखना, उनका मूल स्वरूप बनाए रखना, श्रमसाध्य विषय है।

गीतिका छंद में प्रकृति और अध्यात्म पर एक उदाहरण देखें,
प्रात की बेला सुहानी, ध्यान में लग जाइए।
चक्र षट अपने जगाकर, ब्रह्म दर्शन पाइए।।

वहीं भक्ति की प्रधानता लिए दिग्पाल छंद का उदाहरण देखिए,
भक्तों के भाव को खुद साकार करने आए।
श्री राम जी हमारा उद्धार करने आए।।

कृपाण घनाक्षरी में समर्थ कवि पटसारिया जी ने लिखा हैं कि,
सामने खड़ा है काल, उलझे हैं माया जाल,
बाँका नहीं होगा बाल, नाम जप भव पार।

दुर्मिल सवैया में लिखा है,
हे जीव दुखी मत हो अपने मन से प्रभुनाम सदा जपना।
मन सार असार नहीं समझे प्रभु नाम बिना सब है सपना।।

डमरू घनाक्षरी में भाषा का प्रवाह बरसाती नदी की तरह वेगवान है।

झटपट-झटपट, लपक-लपक खट,
चल-चल सरपट, बम-बम हर-हर।
पलक झपक मत, गमन अनवरत,
रस-रस टपकत, भर-भर धर कर।।

इसी तरह त्रिभंगी छंद में भाषा लालित्य पूर्ण बन गई है-
प्रिय पावस आया, मन हर्षाया, दादुर बोलें, मधु वाणी।
हरियाली सोहे, मन को मोहे, बारिश आई, कल्याणी।।

झींगुर दल आए, गीत सुनाए, कोयलिया ने, शोर किया।
आल्हा की ताने, लगे सुनाने, रण कौशल पर, जोर दिया।।

इस तरह रोचक पुरातन और गेय छंदों को जिन्हें आज का जन मानस भूल चुका है श्री पटसारिया जी ने अपनी कलम चलाकर नई पीढ़ी को पुरातन परंपराओं की ओर मुड़कर देखने पर मजबूर किया है। छंद प्रबंधन का यह प्रयास सराहनीय ही नहीं पाठकों के दिल में अपनी जगह बनाने में सफल होगा।आशा है यह पुस्तक "छंदामृत" जन-जन में बहुत उपयोगी सिद्ध होगी। सुधि पाठक इसे जरूर सराहेंगे।

अनंत शुभ कामनाओं सहित
डा.एन.एम.अवस्थी
सेवानिवृत प्राचार्य
शास स्नातकोत्तर महाविद्यालय टीकमगढ़ (मप्र)
निवास 47, होप रेसीडेंसी टीकमगढ़ (मप्र)

✍ अभिमत

"छंदामृत" छंदसंग्रह छंद साधकश्री अशोक पटसारिया नादान जी का अद्वितीय छंद संग्रह है। यह छंद संग्रह ऐसे समय पर आया है जब छंद मुक्त नई कविता (अतुकांत) की बाढ़ सी आई हुई है। छंदों का सृजन बहुत कम हो गया है, विरले कवि ही छंद सृजन कर रहे हैं। छंद मुक्त कविता का सृजन छंद परंपरा से मुक्त है, जबकि छंद का एक नियत विधान है। छंद में चरणों एवं मात्राओं की संख्या, गणों का क्रम, तुक एवं ताल सभी नियत है। मुझे कई सालों बाद छंदामृत के रूप में एक छंद संग्रह देखने को मिला है। जिसमें छंदों के कई प्रकार सफलतापूर्वक सृजित हुए हैं। छंदामृत में सुरमई साँझ, सपनीली रातें और बयार के झोंकों में खुलती ऊषा की सिंदूरी पाँखों का बड़ा सुंदर चित्रण किया गया है-

देख मिलन की रात सुहानी, सुर्ख हो गये गाल।

जब आकाश मिला धरती से, मानो हुआ निहाल।।

सुबह लालिमा लेकर आई, नये सृजन का थाल।

नीला नीला हुआ समंदर, सूर्य शर्म से लाल।।

इसी तरह गीतिका छंद के माध्यम से नादान जी कहते हैं -

प्रात की बेला सुहानी, ध्यान में लग जाइए।

चक्र षट अपने जगा कर, ब्रह्म दर्शन पाइए।।

नित्य चेतन प्राण सबको, दे रहा हर श्वास में।

प्रेम श्रद्धा भाव शामिल, जीव के विश्वास में।।

अयोध्या में श्री रामलला की प्राण प्रतिष्ठा से पूरा देश प्रमुदित हो रहा है, उस हर्षोल्लास को दिग्पाल छंद बांधते हुए आप कहते हैं...

संसार के खिवैया भव पार करने आए।

श्री राम जी हमारा उद्धार करने आए।।

इस नश्वर संसार और नश्वर शरीर के मोह से बाहर निकलने के लिए अनुरोध स्वरूप आपने परिमिल पंचपदी छंद में कहा है-

नश्वर।

हमारा शरीर।

जन्म मृत्यु देती है पीर।

मुमुक्षु बनकर जान लें ज्ञान,

स्वासें चलतीं हमारी चेतना है अंदर।।

छंद के कवियों में खूब पसंद किया जाने वाला घनाक्षरी छंद कई रूपों में देखने को मिलता है।

मन हरण घनाक्षरी देखें -

मान नहीं कभी हार, खिले खिले घर द्वार,

श्रमदान करो खूब, प्रेम से बनाइए

झूठा यह ताम-झाम, आए नहीं किसी काम,

छोड़ सभी जाना यहां, सत्य से कमाइए।।

इसी तरह डमरू घनाक्षरी का सृजन भी नादान जी ने बड़ी कुशलता से किया है -

झटपट-झटपट, लपक-लपक खट,

चल-चल सरपट, बम-बम हर।

पलक झपक मत, गमन अनवरत,

रस-रस टपकत, भर-भर घट कर।।

दुर्मिल सवैया में भक्ति काल के कवियों की तरह प्रभु नाम जपने का संदेश देते हुए कहा है-

ये जीव दुखी मत हो अपने मन से प्रभु नाम सदा जपना।

मन सार असार नहीं समझे प्रभु नाम बिना सब है सपना।।

आल्हा वीर छंद में झांसी की रानी लक्ष्मीबाई के शौर्य का बखान करते हुए कहा-

रानी झांसी ने सीखी थी, खेल-खेल में ही तलवार।
घोड़े को दौड़ती थी जब, घोड़ा करता हा-हा कार।।
तीरंदाजी ऐसे करती, जैसे हो अर्जुन की बाण
बड़े सूरमा घबडाते थे, दुश्मन मांगे उनसे त्राण।।

छंदामृत में छंद में अपने देश को सबसे प्यारा और न्यारा बताते हुए लिखा है-
हमारा देश दुनिया में, हमें है जान से प्यारा।
अखिल ब्रह्मांड में सबसे, अलग यह देश है न्यारा।।

आपने प्रदीप छंद में बड़े ही प्रभावी ढंग से आम आदमी के दुख दर्द को दूर करने का सत्ता से अनुरोध किया है...
भूख रहे ना कोई बंदा, सबको न्याय समान हो।
रोजी-रोटी मिले सभी को, सबका एक विधान हो।।

छंदामृत में त्रिभंगी छंद के द्वारा ऋतु वर्णन के प्रसंग में बहुत ही सुंदर ढंग से पावस का मनोहारी चित्रण किया गया है-
प्रिय पावस आया, मन हरषाया, दादुर बोलें, मधु वाणी।
हरियाली सोहे, मन को मोह, बारिश आई, कल्याणी।।

इस तरह में कह सकता हूं कि छंदायमृत में मानवीय मूल्यों, प्रकृति चित्रण एवं राष्ट्रीयता के अनुपम छंदो ने पाठक को अपनी ओर खींचने का सफल प्रयास किया है। इस छंद संग्रह का साहित्य जगत में भरपूर स्वागत होगा।

श्री अशोक पटसारिया नादान जी सृजनात्मक प्रतिभा के प्रति अपनी हार्दिक शुभकामनाएं एवं छंदामृत छंद संग्रह के प्रकाशन पर हार्दिक बधाइयां अर्पित करता हूं।

डॉ देवदत्त द्विवेदी सरस

अध्यक्ष

मध्य प्रदेश लेखक संघ जिला छतरपुर

✍ सादर शुभकामनाएं

शारदा   शारदाम्भोजवदना   वदनाम्बुजे।
सर्वदा सर्वदास्माकं संनिधिं संन्निधिं क्रियात्।।

भारतीय छंद साहित्य के जनक महर्षि पिंगल एवं पाणिनि हैं। 'छंद सूत्रम' नामक इनके प्रथम ग्रंथ का ही विस्तार संपूर्ण छंदों के उदय होने का हेतु बना। इस ग्रंथ में छंदों की उत्पत्ति, निर्धारण, प्रस्तार व्याख्या सूत्रमय की गई है। इसी का विस्तार, उन्नयन आदि छंद शास्त्रियों ने की और वैदिक मंत्रों एवं ऋचाओं संहिताओं का सृजन किया।

'छन्दः पादौ तु वेदस्थ' - छंद वेदरूपी विराट पुरुष के पैर (पाद) हैं। अगर साहित्य से छंद को हटा दिया जाये तो काव्य का रस, आनंद समाप्त हो जाता है। संस्कृत देवनागरी से लेकर अद्यतन हिंदी, खड़ी बोली की संपूर्ण काल यात्रा में छंद ने अपनी उपयोगिता सिद्ध की है। आज हिंदी साहित्य में मात्रिक छंदों की बहुलता देखी जा रही है क्योंकि आर्ष ग्रंथों का स्वाध्याय एवं पठन-पाठन किसी विशेष वर्ग तक सीमित हो चुका है। इसलिए काव्यकार हिंदी में अपनी संवेदनाओं को रखने की कोशिश करते हैं।

'छंदामृत' छंद-ग्रंथ में छंदकार अशोक पटसारिया 'नादान' जी ने वैदिक एवं लौकिक दोनों छंदों में अपने भावों को मानक हिंदी में रखने की सफल कोशिश की है। इस ग्रंथ में दोहा, आल्हा, सरसी, विधाता, रोला, घनाक्षरी, सवैया इत्यादि अनेक पुरातन जातीय छंदो को स्थान प्राप्त हुआ है।

सरसी छंद का उदाहरण दृष्टव्य है---

देख मिलन की रात सुहानी, सुर्ख हो गए गाल।
जब आकाश मिला धरती से, मानो हुआ निहाल।।
सुबह लालिमा लेकर आई, नए सृजन का थाल।
नीला नीला हुआ समंदर, सूर्य शर्म से लाल।।

गीतिका छंद पर साधना के पथ प्रशस्त करती हुई रचना देखें--

प्रात की बेला सुहानी, ध्यान में लग जाइए।
चक्र षट अपने जगा कर, ब्रह्म दर्शन पाइए।।
ज्योति इक जलती निरंतर, दिव्य अनुपम ओज ले।
स्वाँस अपनी जो चलाता, उस पिता को खोज ले।।

मेरे नवीन प्रस्तारित वार्णिक विधा को भी इन्होंने स्थान दिया है---
आधार छंद-- परिमल पंचपदी (वार्णिक)
विधान-- प्रति पंक्ति क्रमशः 3,6,9,12,15 वर्ण
सृजन शब्द-- नशीली, नश्वर, नियति, नादान (4) युग्म

नशीली।
आँखें हैं कटीली।।
देह से है नव यौवना।
है पंछीली चंचला प्रतिभावान,
लावण्यमयी है सौंदर्य की अतिरंजना।।

नश्वर।
हमारा शरीर।
जन्म-मृत्यु देती है पीर।।
मुमुक्षु बनकर जान ले ज्ञान,
स्वासें चलाती हमारी चेतना है अंदर।।

नियति।
हमारी रक्षक,
रखें विषयों से विरति।।
करना था परमात्मा का भजन,
माया में उलझे हुए संसार में निरति।।

नादान

रहे जीवन से,

यह चेतन शाश्वत था।

इसमें प्रभु का दर्शन करते,

किंतु अफसोस कि खाली हाथ चल पड़े।।

अशोक पटसारिया 'नादान' जी साहित्य क्षेत्र में बहुमुखी प्रतिभा के धनी साहित्यकार हैं छंद सृजन के अतिरिक्त ये विभिन्न विधाओं पर गहरी पकड़ रखते हैं। गीत, गजल, कविताएं, मुक्तक इनकी पसंदीदा विधाएँ है। इन्होंने बिलासा छंद महालय (छ.ग.)से विधिवत छंद लेखन की शिक्षा ली है, अद्यतन इसी संस्था पर पटल छंद गुरु के रूप में नवीन साधकों को छंद ज्ञान भी दे रहे हैं। इस क्षेत्र में इनका भविष्य उज्ज्वल है। ये कितनों के प्रेरणा स्त्रोत हैं। यह छंद-ग्रंथ अपने नाम को निश्चित ही सार्थक करके हजारों साधकों को नव प्रेरणा देगा, ऐसा मेरा विश्वास है। नादान जी को 'छंदामृत' नामक इस छंद ग्रंथ के सफल लेखन एवं प्रकाशन की हार्दिक बधाइयां।

डॉ रामनाथ साहू 'ननकी' छंदाचार्य

संस्थापक

बिलासा छंद महालय (छ.ग.)

✍ शुभकामना संदेश

हमारी भारतीय साहित्य का इतिहास देखें तो शुरुआत ही छंद से हुआ है। भारत के छंद साहित्य की महत्ता पूरे विश्व में प्रसिद्ध है। संस्कृत के हर श्लोक छंद के नियमों का पालन करती है। छंद में लिखे गए श्लोक सिद्ध मंत्र स्वरूप होकर सदा पूजनीय हुआ है, और साधना का मूल आधार बना है आज बदलते परिवेश में लोग गद्य काव्य विधान के दौड़ में शामिल  हो रहे हैं लेकिन हमें पुनः जागरूक होकर हमारे छंद साहित्य को आगे लाना होगा और पुनः समाज और विश्व में प्रतिष्ठित करना होगा। बिलासा छंद महालय भारतीय पुरातन छंदों के साथ-साथ आज आदरणीय रामनाथ साहू "ननकी" द्वारा नव प्रस्तावित छंदों के माध्यम से छंद साहित्य का नव संवर्धन करने का बड़ा बीड़ा उठाया गया है।

आदरणीय अशोक पटसारिया "नादान" जी भी बिलासा छंद महालय की नियमित साधक रहे और उन्होंने प्रायः सिखाए गए सभी छंद पर अपनी लेखनी चलाकर महारत हासिल किया है। मुझे इस बात का गर्व है कि आदरणीय पटसारिया जी अपने छंद संग्रह "छंदामृत" में मात्रिक व वार्णिक भिन्न छंदों का समावेश कर पाठक वृंदो तक अपनी आंतरिक संवेदना रखने का सफल प्रयास किया है।

छंदो की पकड़ रखने वाले पाठक "छंदामृत" छंद संग्रह को पढ़कर जरूर आत्मसात करेंगे। "छंदामृत" के सफल प्रकाशन पर हमारी ओर से अनंत शुभकामनायें--

डॉ माधुरी डड़सेना "मुदिता"
अध्यक्ष- बिलासा छंद महालय
शिक्षक सह साहित्यकार
न. प. भखारा (छ. ग)

✍ शुभकामना संदेश

विधान की मथनी लेकर जब कोई सृजनकर साहित्य के क्षीरसागर का मंथन करता है तब कहीं जाकर छंदामृत की प्राप्ति होती है। आ० अशोक पटसारिया नादान जी की लेखनी सार्थकता को पूर्ण करती हुई छंदामृत में समाहित है। जब-जब इसके पृष्ठों को पलटा जाएगा छन्दों के नवरसों की सरिता धारा स्वतः ही अपने चरम पहुँचकर पाठकों को तरबतर कर देगी।

प्रात की बेला सुहानी, ध्यान में लग जाइए।
चक्र षट अपने जगाकर, ब्रह्म दर्शन पाइए।।

ऐसी रचनाएँ जो कालजयी होने की प्रतीक्षा में है केवल पाठकों की प्रतीक्षा में है, आइए अपने पाठक और मार्गदर्शक बनकर इस कृति को महत्वपूर्ण रचनाओं में आंनद की तलाश करें। आशा ही नहीं पूर्णविश्वास भी है कि पाठकों को यह कृति अभिभूत कर देगी।

छंदामृत का श्रवणपान करने वाले सभी श्रोता और पाठक गदगद होंगे।

मैं असीम शुभकामनाएँ इस कृति और रचनाकार को प्रेषित करता हूँ।

आपका शुभेच्छु
डॉ० ओमकार साहू मृदुल
सचिव बिलासा छंद महालय छत्तीसगढ़
प्रेमनगर, सूरजपुर, छत्तीसगढ़

✍ शुभकामना संदेश

आदरणीय अशोक पटसारिया जी, आपकी नवीनतम कृति 'छंदामृत' के प्रकाशन पर हृदय से बधाई एवं शुभकामनाएँ। इस पुस्तक में छंदगुरु डॉ. रामनाथ साहू जी द्वारा नवप्रस्तारित छंदों के साथ पुरातन छंदों पर सृजन किया गया है, जो निस्संदेह साहित्यिक जगत में एक महत्वपूर्ण योगदान है। छंदों की इस समृद्ध परंपरा को पुनः प्रतिष्ठित करने के आपके प्रयास के लिए आपका अभिनंदन है। छंदों के प्रति आपका समर्पित भाव स्पष्टतः परिलक्षित होता है।

आपकी पुस्तक 'छंदामृत' में विभिन्न भावों के पुष्प गुच्छ से सजी हुई रचनाएँ पाठकों को एक नवीन आनंद और साहित्यिक रस का अनुभव कराएँगी। यह पुस्तक छंदों की गहराई और उनकी बारीकियों को समझने में मदद करेगी, साथ ही साहित्य प्रेमियों के लिए एक अनुपम उपहार सिद्ध होगी। छंद साहित्य में आपकी इस अमूल्य कृति से न केवल साहित्य के विद्यार्थियों को लाभ होगा, बल्कि यह उन सभी के लिए प्रेरणास्रोत बनेगी जो साहित्य के प्रति रुचि रखते हैं।

आपकी लेखनी सदैव ऐसे ही नवीन और प्रेरणादायी सृजन करती रहे, और साहित्य को समृद्ध करती रहे, यही मेरी हार्दिक शुभकामना है। आपके सृजनशीलता का यह सफर यूँ ही निरंतर चलता रहे और आप साहित्य के क्षेत्र में नए-नए आयाम स्थापित करते रहें।

आपके उज्ज्वल भविष्य की कामना एक रोला छंद के साथ,

छंदामृत रस धार, बहे निर्झर मन भाए।

नवल पुरातन छंद, मिलन सुखमय हो जाए।।

कह स्वतंत्र यह बात, जगत हित छंद बताए।

सफल सुखद प्रति छंद, मूल मधु भाव छिपाए।।

सस्नेह

डॉ. मधु शंखधर 'स्वतंत्र'

पटल प्रेरक- बिलासा छंद महालय (छ ग)

9305405607

गजेन्द्र हरिहारनो "दीप"

(○ - (07745) ▩▩▩ 256410

MOB. - 8962239082/94255-44847/8962668826

आराधनाभवन
हरिॐ नगर
वार्ड क्र. - 08 डोंगरगाँव
जिला - राजनांदगाँव (छ.ग.)
पिन - 491- 661

॥ शुभकामना संदेश ॥

कहा जाता है कि कविता आहत हृदय का अनाहत नाद है और जब कविता किसी छंद में आबद्ध होकर निःसृत हो तो उसकी गेयता, उसकी गत्यात्मकता पाठकों एवं श्रोताओं को रसाबिंक्त कर दिया करती है।

मुझे इस बात की अतीव प्रसन्नता हो रही है कि नवद्य प्रतिष्ठित साहित्य एवं छंद साधक आदरणीय अशोक पटसारिया "नादान" जी के द्वारा विभिन्न छंदों पर आधारित छंद संग्रह "छंदामृत" का प्रकाशन किया जा रहा है।

मुझे पूर्ण विश्वास है कि यह छंद संग्रह छंद साधक-साधिकाओं के साथ-साथ काव्य रसिक पाठकों, एवं विद्वत जनों के लिए संग्रहणीय होगा।

"छंदामृत" के प्रकाशन हेतु आदरणीय अशोक पटसारिया "नादान" जी को अनंत शुभकामनाएँ।----

गजेन्द्र हरिहारनो 'दीप"

✍ सादर शुभकामनाएँ

यह अपार हर्ष की बात है कि छंद साधक आदरणीय अशोक पटसारिया 'नादान' जी की पुस्तक छंदामृत (छंद संग्रह) प्रकाशित होने जा रही है। वो भी छंदों को परिभाषित करते हुए भावों की चाशनी में लपेटे हुए विविध छंदों का प्रयोग करते हुए एवं छंदों के विधानों, नियमों का पालन करते हुए अपने उदाहरण के माध्यम से अपने भावों को रखने का सक्षम प्रयास किया है। जो बहुत सराहनीय है।

छंदों पर आधारित सृजन को छंदानुशासन के साथ कथ्य और काव्य सौंदर्यता भी होना चाहिए, तभी यह प्रभावशाली हो पाती है। हर एक शब्द अंतस पटल को आह्लादित करता है, तभी काव्य कामिनी प्रगट होती है।

जहाँ तक मेरी दृष्टि गई हर एक छंद पर आदरणीय नादान जी ने शिल्प और भाव के साथ सामंजस्य स्थापित करने का सराहनीय प्रयास किया है। इसके साथ ही आपकी लेखनी में मुझे असीम सम्भानाओं के दर्शन होते हैं। छंद साधक आदरणीय नादान जी के छंद छंदामृत पठनीय एवं संग्रहणीय है। कृति एवं कृतिकार सूर्य की भाँति दीप्यमान हो नया कीर्तिमान स्थापित करें यही मेरी अशेष शुभकामनाएँ है।

छंद साधिका
योगिता चौरसिया 'प्रेमा'
साहित्यिक एवं सामाजिक सेवक
अखिल भारतीय साहित्य परिषद
उपाध्यक्ष मंडला मध्यप्रदेश
ईमेल – yogitachourasia7497@gmail.com
चलभाष – 8435157848

✍ अनंत शुभकामनाएँ

अपनी कलम के माध्यम से हिंदी साहित्य एवं समाज को एक नयी दिशा प्रदान करने की ओर अग्रसर साहित्यकारों के नाम उँगलियों पर गिने जा सकते हैं। आ.अशोक पटसारिया 'नादान' जी इनमें से एक हैं। आप बहुत ही सरलहृदयी, हँसमुख, कर्तव्य पारायण, वाक् कौशल से ओत-प्रोत बहुत ही शालीन व्यक्तित्व के धारक हैं। आध्यात्म और संगीत का बेजोड़ तालमेल इनकी रचनाओं में स्पष्ट झलकता है।

सभी छंद मर्मज्ञ पाठकों एवं छंद के जिज्ञासु साधकों के लिए बहुत ही हर्ष का विषय है कि अतिशीघ्र आ. अशोक पटसारिया 'नादान' जी, हम सभी के मध्य अपनी पुस्तक कलम अभी जिंदा है (दोहा संग्रह), छंदामृत (छंद संग्रह) और दिल-ए-नादाँ (ग़ज़ल संग्रह) लेकर साहित्य प्रेमियों की जिज्ञासा तुष्ट करने आ रहे हैं, जो निश्चित रूप से समाज एवं हिंदी साहित्य को एक नयी दिशा प्रदान करेगी और नए साधकों के लिए मील का पत्थर साबित होगी।

इस सराहनीय कार्य हेतु कोटिशः शुभकामनाएँ।

अनुराधा सुनील पारे 'अवि'

पटल प्रमुख

बिलासा छंद महालय छत्तीसगढ़

✍ मंगलकामनाएं

यह बात सुनकर ही मन रोमांचित हो उठा कि आदरणीय अशोक पटसारिया नादान भाई जी की तीन पुस्तकें एक साथ ही प्रकाशित हो रही हैं। आप निरंतर 35 वर्षों से साहित्य जगत से जुड़े हुए हैं एवं हर विषय पर आपकी कलम अनवरत चलती रही है। आपके पेंतीस वर्षों की तपस्या का फल अब शीघ्र ही फलीभूत हो पुस्तक में संग्रहित हो जाएगा। आपके तीनों संग्रह का एक साथ प्रकाशन इस बात का प्रमाण है कि लेखन की हर विद्या में आपकी पकड़ मजबूत हैं। एक तरफ़ "कलम अभी जिंदा है" दोहा संग्रह, वहीं दूसरी तरफ़ "दिल-ए-नादाँ" ग़जल संग्रह, और विविध छंदों का रसपान कराता "छंदामृत" छंद संग्रह आपके बहुआयामी प्रतिभा का द्योतक है।

शीघ्र ही प्रकाशित हो हमारे हाथों में आपके तीनों संग्रह आयें इसके लिये अति उत्साही हूँ, आपको हार्दिक बधाई एवं शुभकामनायें देती हूँ। साहित्य के क्षेत्र में आप सदैव अग्रणी रहें एवं आपका लेखन समाज को नई दिशा प्रदान करे और प्रेरणा स्त्रोत बनकर सदैव के लिए मानस पटल पर अंकित हो जाए।

अनंत शुभेच्छायें
सुमन ओमानिया "तरंगिणी"
B-1,10/11 शर्मा कॉलोनी बुद्ध विहार फेज -2
नई दिल्ली-110086
मोबाइल नंबर -9910352700
sumanarvindanthony@gmail.com

छंदामृत सार

मेरा संबंध काव्य लेखन से लगभग 35 वर्षों पुराना है। विविध विधाओं पर कलम चलाते हुए लगभग 40 से अधिक साहित्य मंचों पर हमारा जुड़ाव रहा। जहाँ पर उनके विषयानुरूप सृजन किया। अभी भी कई सम्मानीय मंचों पर अनवरत लिखता हूँ। एक दिन अचानक हमारा ध्यान छंदों पर गया।

आदरणीय शुचिता नेगी "शुचि" दीदी जी से मैंने पूछा ये छंद कौन पढ़ाता है। तब इन्होंने बिलासा छंद महालय छत्तीसगढ़ का पता दिया और मुझे जोड़ दिया। तब से मैं वॉट्सएप के माध्यम से कक्षायें करने लगा। वहाँ गूगल मीट पर प्रत्येक रविवार कक्षा होती। एक छंद सुबह शाम 6 दिन तक पढ़ाया जाता। प्रत्येक रविवार नया छंद मिलता। हर पंद्रह दिन में परीक्षा होती। नव रत्न चुने जाते। इस तरह से एक वर्ष पूर्ण हुआ।

आज मैं उसी महालय मैं पटल गुरु के पद पर कार्यरत हूँ और साधकों को छंद सिखा रहा हूँ। छंदों के प्रति लगन इतनी अधिक थी कि दो सत्र में कोई एक भी अवकाश नहीं लिया। आज भी छंदों का साधक हूँ। निरंतर सीख रहा हूँ। साल में एक बार दिसंबर में विदाई समारोह और जनवरी से नए सत्र की शुरुआत में एक समारोह के दौरान सभी गुरुजनों और साधकों का मिलन होता है। आत्मीय भाव से सभी मिलते हैं। नई पुस्तकों का विमोचन होता है। इस तरह यह संस्था भारत में अनोखी रजिस्टर्ड संस्था है जो छंदों के पठन पाठन पर निशुल्क सेवाऐं दे रही है। इसका लोगो है, आओ सृजन करें! नव पथ

गमन करें!!

बिलासा छंद महालय के संस्थापक छंदाचार्य डा. रामनाथ साहू "ननकी" जी सादगी पसंद उच्च विचार धारा में अवगाहन करने वाले अध्यात्मिक चिंतन से सराबोर संगीत और छंदों के आचार्य हैं। मुझे उनका ही सानिध्य प्राप्त है।

महालय की अध्यक्षा आदरणीय डा. माधुरी द्रड़सेना मुदिता जी पेशे से शिक्षक हैं और छंदों में गहरी रुचि रखती हैं। महालय के सचिव आदरणीय डा. ओमकार साहू मृदुल जी बहुत पारंगत छंद गुरु हैं।

बिलासा छंद महालय में अष्ट पटल हैं सब पटलों के पटल गुरु पटल प्रमुख पटल प्रेरक अलग-अलग हैं। अलंकरण प्रमुख आदरणीय राज श्री शर्मा दीदी बहुत अच्छी पटल प्रेरक और शिक्षक हैं।

हमारे पटल की पटल प्रेरक आदरणीय मधु शंखधर "स्वतंत्र" दीदी बहुत सुंदर ढंग से पढ़ाती हैं। वह पेशे से शिक्षक हैं और महालय की समर्पित सदस्या के रूप में जानी जाती हैं। हमारे पटल क्रमांक एक की पटल प्रमुख आदरणीय अनुराधा सुनील पारे "अवि" दीदी सुषमा शर्मा "श्रुति" दीदी सभी के सानिध्य में छंदों की साधना की।

अगर किसी की छंद शास्त्र में रुचि है तो उसे यहाँ पर एक वर्ष अवश्य सीखना चाहिए। अक्षरों की संख्या, मात्रा, गणना, यति गति को क्रमबद्ध तरीके से लिखना छंद कहलाता हैं। छंद शब्द 'चद' धातु से बना है, जिसका अर्थ होता है, खुश करना। आल्हादित करना। जिनको पढ़कर सुनकर अल्हाद उत्पन्न हो हृदय आनंद से भर जाए। उसे छंद कहते हैं। इनके जनक आचार्य पिंगल कहे जाते हैं।

छंद चार प्रकार के होते हैं—मात्रिक, वर्णिक, वर्णिक वृत्त एवं मुक्त। मात्रिक छंद के तीन भेद हैं—सममात्रिक, अर्धमात्रिक एवं विसममात्रिक। प्रमुख मात्रिक छंद, इस प्रकार से हैं—दोहा, सोरठा, रोला, गीतिका, हरिगीतिका, उल्लाला, चौपाई, बरवै, छप्पय, कुंडली, दिगपाल, आल्हा या वीर, सार, तांटक, रूपमाला और त्रिभंगी। प्रमुख वर्णिक छंद—सवैया, कवित्त, द्रुत विलंबित, मालिनी, मंद्रकांता, इंद्रवज्रा, उपेंद्रवज्रा, अरिल्ल, लावनी, त्रोटक, राधिका, भुजंगी, वियोगिनी, वंशस्थ, शिखरिणी, शार्दूल विक्रिड़ित और मत्तगयंग।

महर्षि पिंगल ने पिंगल शास्त्र में जिन सूत्रों पर छंद लिखे। वह सभी पुरातन धरोहर हैं। गुरु जी द्वारा नव प्रस्तारित छंदों का अध्ययन अध्यापन निरंतर किया जा रहा है। मेरा

सौभाग्य है कि मैं इस संस्था का का सदस्य हूँ।

इस पुस्तक में आपको पठनीय सामग्री मिलेगी। जिसमें गेयता होगी। नव साधकों के लिए यह पुस्तक प्रकाश स्तंभ की तरह मार्ग प्रशत्र करेगी।

इति शुभम्।

विनयावनत

अशोक पटसारिया नादान

रिटायर्ड पोस्टमास्टर (भारत सरकार)

कवि साहित्यकार

सद्भावना मेंशन, हंस-कुटी, रेंज मुहल्ला वार्ड नं 7 लिधौरा

तह.लिधौरा जिला टीकमगढ़ मध्यप्रदेश

पिन कोड 472331 मोब. 9977828410

ईमेल :- kaviashokptsariyanadan@gmail.com

आधार छंद -हरिगीतिका (सममात्रिक) छंद
मात्रा - 28
मापनी - $$।$-$$।$, $$।$-$$।$
पदांत - ।$ या $।$

शीर्षक - गणनायक

हे नाथ गणनायक नमन, सुर साधना का ज्ञान दो।
दो छंद की सारी विधा, संगीत की पहचान दो।।
विनती करूँ कर जोड़कर, मेधा हमारी खोल दो।
माँ शारदे के साथ हो, इक वार माँ से बोल दो।।

हर शब्द के विन्यास में, जादू जगादो मखमली।
ये लेखनी ऐसा लिखे, साहित्य में हो खलबली।।
तुम देव में प्रथमेश हो, हमको सिखा दो साधना।
हम गीत गायें आपके, हर दिन करें आराधना।।

मेरे विनायक आप हो, तुम दास के पालक बनो।
हम लेखनी से जो लिखें, तुम लेखनी चालक बनो।।
पूजूँ तुम्हें हर वक्त में, मोदक चढ़ाऊँ रीझिए।
अब लेखनी में हो असर, वरदान ऐसा दीजिए।।

तुम सिद्धियों के शीर्ष हो, प्रथमेश हो संसार के।
शुभ लाभ के दाता तुम्हीं, मङ्गल प्रदा बुधवार के।।
तुम इष्ट मूलाधार के, खोलो शुषुम्ना द्वार को।
मोदक चढाऊँ आपको, लें आज पुष्पाहार को।।

आधार छंद – हरिगीतिका (सममात्रिक) छंद
मात्रा – 28
मापनी – $$।$-$$।$, $$।$-$$।$
पदांत – ।$ या $।$

शीर्षक - वरदायिनी माँ शारदा

वरदायिनी माँ शारदा, मंगल करो मंगल करो।
स्वर साधना का ज्ञान दो, मन भावना उज्ज्वल करो।।
जानूँ नहीं शब्दार्थ को, मन भाव की अतिरंजना।
श्री छंद की जादूगरी, रस छंद की अभिव्यंजना।।

पिङ्गल नहीं आता मुझे, या मंत्र कोई जापका।
तत्स्म नहीं हम जानते, तद्भव न देशज आपका।।
अब कंठ में बैठो सदा, स्वर साधना पक्की करो।
वरदायिनी माँ शारदा, संकट हरो-संकट हरो।।

जंगल खड़ा है शब्द का, सुंदर सृजन कैसे बनें।
भाषा विभाषा शब्द हैं, तो प्रेम रस कैसे सनें।।
रचना मधुर सुर ताल में, लय बद्ध हो ऐसा करो।
वरदायिनी माँ शारदा, संकट हरो-संकट हरो।।

इतना मधुर देना गला, श्रोता सुनें जब गान को।
अर्पित करूँ कुछ पुष्प में, माँ आपको भगवान को।।
दे दो शरण नादान को, इस दास का मङ्गल करो।
वरदायिनी माँ शारदा, संकट हरो-संकट हरो।।

आधार छंद - मरहटा (सममात्रिक)
मात्रा - 29
यति - 10, 8, 11
पदांत - $।

शीर्षक - चलो चलें उस पार (2) युग्म

झूठा संसारा, सकल पसारा, चलो चलें उस पार।
तन मन वैरागी, है बड़ भागी, खड़ा सिंधु मँझधार।।
माया का फेरा, बड़ा अँधेरा, खोज हृदय उजियार।
हे घट घट बासी, लख चौरासी, अबकी बार उबार।।

झूठों का डेरा, चोर लुटेरा, लूटे है हर वार।
मन समझ न पाया, कैसी माया, टूटे दिल के तार।।
नादान खरारी, पार उतारी, हूँ दिल से आभार।
तन मन बलि जाऊँ, हरिपद पाऊँ, चलो चलें उस पार।।
ये मन अति रोगी, माया भोगी, खोलो मन के द्वार।
सुख धाम विराजे, शोभा राजे, चलो चलें उस पार।।
पावन बन माला, नयन विशाला, शोभा सुख का सार।
करता चल स्वागत, चल शरणागत, होगा भव से पार।।

जग पावन नामा, सब सुख धामा, जोड़ो मन के तार।
हरि हर मन लावें, योग बतावें, पावें मुक्ति अपार।।
बिन गुरु नहिं पावै, भेद बतावै, यही जगत का सार।
गुरु ज्ञान अपारा, जीवन हारा, चलो चलें उस पार।।

मरहटा छंद [सम मात्रिक], पदान्त 21
(1) नियम 22222-2222-4421,
(2) नियम 22222-332-33221 29 मात्रा
यति विभाजन 10, 8, 11मात्रा, 4 पद समतुकांत या दो दो पद सम
तुकांत, अत्यानुप्रास हो तो अति उत्तम,

शीर्षक - सावन आया

तन मन हरषाया, सावन आया, रिमझिम पड़े फुहार।
मौसम सुख दायी, पावस लायी, भीगे कितनी बार।।
दादुर दल बोलें, मधुरस घोलें, करें रात भर बात।
झींगुर दल आये, गीत सुनाये, अब आई बरसात।।

पहले तरसाया, सावन आया, धरती हुई निहाल।
तन तपन बड़ाई, आग लगाई, सब बिगड़े सुर ताल।।
ऋतुओं की रानी, रिमझिम पानी, हरे भरे सब खेत।
पानी बरसाया, बदली काया, जन मानस के हेत।।

बरसात सुहानी, रिमझिम पानी, पड़ने लगी फुहार।
घनघोर घटाएँ, नभ में छाएँ, बरसावें जल धार।।
अब सावन आया, नभ में छाया, जगती पर उल्लास।
छायी हरयाली, खुश है माली, सावन पावन मास।।

नव अंकुर फूटे, पीछे छूटे, गरमी के हालात।
हरियाली छाई, ऋतु मन भाई, रुके हृदय आधात।।
सब सखी सहेली, हिल मिल खेली, भूल गई संसार।
सावन के झूले, फिरते फूले, पड़ने लगी फुहार।।

आधार छंद - चौपाई या जयकरी (सममात्रिक)
मापनी 15, 15 पदांत 21

शीर्षक - संताप (4) युग्म

राधा दर्शन देना आप, मिट जायें सारे संताप।
राधा माधव की जय कार, करना पापों का संहार।।
राम दया के सागर आप, नित्य करें हम तेरा जाप।
शिव शंकर हे भोले नाथ, रखना सर पर मेरे हाथ।।

हे गज बदन कृपा की कोर, करें दया से भाव विभोर।
ज्ञान छंद का देदो आप, सभी करेंगे मिलकर जाप।।
दर्शन देते रहना आप, मंगल भवन बने संताप।
आप छंद का देना ज्ञान, जीव बनें सारे विद्वान।।

हो संबंध बनाने योग, देख परख के बने सुयोग।
हमें देखना पड़ता आज, बात-बात पर बिगड़े काज।।
होता है जो सरल कुलीन, कभी न होता मन का हीन।।
हमें सादगी से है प्यार, हो अपना सुंदर व्यवहार।।

जीवन भर निभते संबंध, होता प्यार भरा अनुबंध।।
रिश्तों पर चलता संसार, जीव जगत इसका आधार।।
मानवता के सारे काम, सबको दें थोड़ा आराम।।
काम किसी के आयें आप, मिट जायेंगे सब संताप।।

आधार छंद – गीतिका (सममात्रिक)

मात्रा – 26

मापनी – $।$$-$।$$-$।$$-$।$

पदांत – $।$ या ।$

शीर्षक - स्वप्न सब साकार है (2) युग्म

स्वप्न सब साकार है तो, हिंद की सेवा करो।
तुम सदा जय हिंद बोलो, प्राण पत्थर में भरो।।
जीव जड़ चेतन सभी में, प्रेम का संचार हो।
काम हम आएँ सभी के, संयमित व्यवहार हो।।

प्राण प्राण से देश सेवा, के लिए संकल्प हो।
हिंद का अब विश्व भर में, आज काया कल्प हो।।
फूल फल जल अन्न उगले, शस्य श्यामल यह धरा।
स्वप्न सब साकार है तो, क्यों न हो ये दिल हरा।।

माँगिये भगवान से तब, भावना जब शुद्ध हो।
हे विधाता फिर कभी भी, विश्व में मत युद्ध हो।।
मौत हो जाती हजारों, बेगुनाहों की यहाँ।
बाल बच्चे बीबियाँ की, दुर्दशा होती वहाँ।।

फिर कई सालों हमारी, वृद्धि रुक जाती सभी।
भावना जब शुद्ध हो तब, माँगना उससे कभी।।
जो अभी भी जूझते हैं, आज इन हालात से।
पूँछियेगा दर्द उनका, रो रहे जो घात से।।

आधार छंद – गीतिका (सममात्रिक)
मात्रा – 26
मापनी – $ı$$-$ı$$-$ı$$-$ı$
पदांत – $ı$ या ı$

शीर्षक - एकता की राह लो

आपसी मतभेद छोड़े, एकता की राह लो।
प्रेम से जीवन गुजारो, पुस्तकों की थाह लो।।
ज्ञान के मोती विखेरो, सादगी से काम लो।
कुछ समय ऐसा निकालो, राम का भी नाम लो।।

आपसी मतभेद छोड़ो, नित्य नूतन काम हो।
कृत्य भी ऐसे करो तुम, पूर्वजों का नाम हो।।
देश की चिंता करो कुछ, राष्ट्र को भी दान दो।
सभ्यता अपनी न छोड़ो, सादगी को मान दो।।

आज स्वागत में तुम्हारे, पुष्प लेकर हम खड़े।
द्वार पर मंगल कलश हैं, दिव्य तोरण हैं जड़े।।
आम्र पत्तों से सजे सब, द्वार वंदनवार हैं।
मोतियों से चौक पूरे, माँ खड़े तैयार हैं।।

आज स्वागत में तुम्हारे, शारदे माँ हम यहाँ।
घर पधारो ज्ञान देवी, दिव्य मौक़ा फिर कहाँ।।
शब्द स्वर का ज्ञान दो माँ, कंठ को कोमल करो।
साधकों की झोलियों में, व्यंजना के स्वर भरो।।

जय माँ शारदे
आधार छंद - हरिगीतिका (सममात्रिक)
मात्रा - 28
मापनी - $$।$-$$।$, $$।$-$$।$
पदांत - ।$ या $।$

शीर्षक - मन बावरा होने लगा

मन बावरा होने लगा, अंकुश इसे माँ दीजिए।
अपने यहाँ कुछ काम में, हर वार इसको लीजिए।।
अभ्यास साधन में लगा, विन्यास का कुछ काम दो।
रस छंद की गणना करे, तब वाद में आराम दो।।

मन बावरा होने लगा, इस बात का भी ध्यान हो।
गुरुदेव का आदेश है, सब साधना पर कान दो।।
तन मन समर्पित आपका, हो छंद के संज्ञान में।
माँ शारदे कर दें कृपा, हों आज अनुसंधान में।।

मन बावरा होने लगा, अब छंद के प्रस्तार को।
विन्यास हो नित-नित नया, पा जाऊँ माँ के प्यार को।।
अब भावना में दो असर, सद्भाव को लिखने लगूँ।
बन जाय कोई सर्जना, उस भाव को चखने लगूँ।।

मन बावरा होने लगा, किल्विष भरे संसार में।
दिल में भरी दुर्भावना, निज स्वार्थ के व्यापार में।।
ठगनी लुटेरी आज भी, संसार के पीछे लगी।
माँ शारदे करुणा करो, यह बंद हो सारी ठगी।।

आधार छंद - हरिगीतिका (सममात्रिक)
मात्रा - 28
मापनी - $$।$-$$।$, $$।$-$$।$
पदांत - ।$ या $।$

शीर्षक - प्राणायाम

प्रत्यक्ष प्राणायाम का, उपयोग अब होने लगा।
आसन समझने लग गए, अब विश्व का मानव जगा।।
यह आंतरिक संजीवनी, जिसको मिली वो खुश दिखा।
अब योग के इस स्वाद को, संसार में सबने चखा।।

सब कर रहे हैं योग को, भारत बना गौरव अभी।
इस ओर प्राणायाम से, जाग्रत हुई दुनियाँ सभी।।
कर लीजिए इस योग को, संजीवनी यह प्राण की।
नादान बनकर मत रहो, यह प्रेरणा कल्याण की।।

इस भस्त्रिका अनुलोम से, ये फेफड़े होते खड़े।
उद्गीथ या फिर भ्रामरी, एकाग्रता मन की बड़े।।
है सूर्यभेदी अस्थमा, तो उज्जयी मधुमय करे।
कापाल भाती पेट को, वह भार चर्बी का हरे।।

कर शीतकारी शीतली, हो पित्त दोषों से बरी।
मूर्छा करो या प्लावनी, यह स्वाँस को करदे हरी।।
हों आंतरिक परिशुद्धता, कर रोज प्राणायाम को।
अनमोल है यह जिंदगी, कर ठीक अपने राम को।।

आधार छंद - हरिगीतिका (सममात्रिक)

मात्रा - 28

मापनी - $$।$-$$।$, $$।$-$$।$

पदांत - ।$ या $।$

शीर्षक - गुरु पूर्णिमा

जबसे हमें गुरुवर मिले, गुरु ज्ञान का सागर मिला।
पूरी हुई तप साधना, पावन कमल दल जब खिला।।
हमको मिली माँ शारदे, प्रथमेश का वरदान भी।
अब छंद लिखना है सरल, है शब्द का अब ज्ञान भी।।

पावन महालय में मिला, हमको सभी का साथ है।
गुरु की कृपा सब पर बनी, गुरु का सभी पर हाथ है।।
अब वह घड़ी भी आ गई, जब साधना का नाम हो।
साहित्य की बगिया खिले, साहित्य का भी काम हो।।

शुभ पुण्य का जब हो उदय, गुरु ज्ञान का सागर मिले।
विन्यास सीखें शब्द का, भावार्थ पढ़ दुनियाँ हिले।।
हो मखमली शब्दावली, जादूगरी सा अर्थ हो।
साहित्य को दुनियाँ पढ़े, अश्लीलता सब व्यर्थ हो।।

साधक लिखें साहित्य को, ब्रह्माण्ड में भी नाम हो।
इस विश्व के इतिहास में, साहित्य मत बदनाम हो।।
लिखते रहें हम रोज ही, नित-नित नई परिकल्पना।
नव छंद का प्रस्तार हो, ऐसे लगे नव अल्पना।।

गीतिका छंद
मापनी 2122 2122, 2122 212
पदांत 212/12

शीर्षक - तितलियों से पंख लेकर

तितलियों से पंख लेकर, एक जुगनू आ गई।
उड़ चली में उस गगन में, रोशनी जब पा गई।।
तैरती जाती हवा में, रास्ते देखे नहीं।
साथ परियों का मिला तो, आज जाऊँगी कहीं।।

खुश बहुत थी आज गुड़िया, स्वप्न के संसार में।
घूम डाली आज बस्ती, जुगनुओं के प्यार में।।
बाग घूमे बाटिकाएँ, घूमने जब आ गई।
आज इक देखा शिवाला, दर्श शिव का पा गई।।

आज तो पक्का मिलूँगी, स्वर्ग में रहती परी।
दोस्ती उससे करूँगी, बात कह दूँगी खरी।।
स्वर्ग की हर चीज सुंदर, आज मन को भा गई।
कल्पना के पंख लेकर, आज गुड़िया आ गई।।

रोज जाती एक दिन तो, दिख गई हमको परी।
इक छड़ी देकर परी ने, दोस्ती पक्की करी।।
अब छड़ी हमने घुमाई, इक परी घर आ गई।
स्वप्न टूटा खूब रोई, बस्तियाँ महका गई।।

आधार छंद – हरिगीतिका (सममात्रिक)
मात्रा – 28
मापनी – $$।$-$$।$, $$।$-$$।$
पदांत – ।$ या $।$

शीर्षक – है चार दिनों की जिंदगी

है चार दिन की जिंदगी, मुक्ती मिलेगी प्राण को।
कर ईश का वंदे भजन, जो चाहता निर्वाण को।।
पानी सदृश यह बुदबुदा, क्षण मात्र में मिट जायगा।
जो भी गया उस घाम को, वापस नहीं फिर आयगा।।

है चार दिन की जिंदगी, फिर तुम कहाँ फिर हम कहाँ।
जो-जो गया है छोड़ कर, कोई यहाँ कोई वहाँ।
गर लक्ष्य को पाया नहीं, फिर जन्म ले आना पड़े।
भटकन बड़ेगी आपकी, उसके नियम इतने कड़े।।

है चार दिन की जिंदगी, क्यों मोह माया में पड़ा।
धन जोड़ता क्यों इस तरह, जब काल है सर पर खड़ा।।
काया जलेगी एक दिन, इस बात से अंजान है।
जाता नहीं कुछ साथ में, क्यों जोड़कर हैरान है।।

है चार दिन की जिंदगी, सौ साल का सामान है।
कल की खबर हमको नहीं, फिर क्यों बना नादान है।।
कोठी महल ले जायगा, क्या मौत के तू साथ में।
मुदरी उतारी जायगी, जाने न देंगे हाथ में।।

आधार छंद – हरिगीतिका (सममात्रिक)
मापनी – $$I$-$$I$, $$I$-$$I$

शीर्षक - तुम प्रेम के सागर पिया

तुम प्रेम के सागर पिया, मैं प्रेम की प्यासी नदी।
तुम हो समय की प्रेरणा, मैं वक्त की पूरी सदी।।
तुम प्रेम के संचार से, टूटे दिलों को जोड़ दो।
अवसाद में डूबे हुए, संसार का पथ मोड़ दो।।

तुम दीप बन जाओ पिया, मैं तेल की बाती बनूँ।
चातक बनो तुम प्रेम के, मैं प्रेम की पाती बनूँ।।
संसार सागर में कभी, जब प्रेम का प्रस्तार हो।
मेरा तुम्हारा नाम हो, जग प्रेम का आधार हो।।

तुम जीव की धड़कन बनो, मैं आपकी संवेदना।
तुम प्राण के वाहक बनो, मैं सत्य की संचेतना।।
मैं नीर की बदली बनूँ, तुम प्रेम की बारिस करो।
तुम प्रेम के सागर पिया, संसार की पीड़ा हरो।।

पीड़ा नहीं सागर कहो, इस वेदना के काल को।
काटे नहीं कटता समय, तुम मेट दो जंजाल को।।
पीड़ा हृदय के भाव को, हम व्यक्त भी कैसे करें।
तुम प्रेम के सागर पिया, हम रिक्तता कैसे भरें।।

आधार छंद - हरिगीतिका (सममात्रिक)
मात्रा - 28
मापनी - $$।$-$$।$, $$।$-$$।$
पदांत - ।$ या $।$

शीर्षक - गुरुदेव का जन्म दिन

गुरुदेव का है जन्म दिन, लख-लख बधाई लीजिए।
संसार की सारी खुशी, माँ आपको ही दीजिए।।
हम साधकों की टोलियाँ, जब आपके गुण गाँयगी।।
यश कीर्तियाँ संसार में, तब आपकी फहराँयगी।

गुरुदेव का है जन्म दिन, मिलकर बधाई दीजिए।
पावन महालय को नमन, फिर छंद सेवा कीजिए।।
संसार में साहित्य का, सबसे सुखद परिणाम हो।
हम मार्गदर्शक ही रहें, पावन पटल का नाम हो।।

गुरुदेव का है जन्म दिन, मंगल बधाई लीजिए।
हम साधकों को आपकी, यह छत्र छाया दीजिए।।
हम चाँद सूरज की तरह, दें रोशनी संसार को।
भूलें नहीं यह साधना, गुरुदेव के इस प्यार को।।

साहित्य के आकाश में, गुरुदेव की जयकार हो।
जब साधना सीखें सभी, नित छंद का प्रस्तार हो।।
नादान यह करता विनय, हे शारदे माँ आपसे।
रखना निरोगी आपको, हर किल्विषी संताप से।।

आधार छंद - हरिगीतिका (सममात्रिक)

मात्रा - 28

मापनी - $$।$-$$।$, $$।$-$$।$

पदांत - ।$ या $।$

शीर्षक -सूरज नहीं तो दीप बन (4) युग्म

सूरज नहीं तो दीप बन, संसार के अँधियार को।
जीवन निराशा कूप से, बाहर निकालो यार को।।
दुनियाँ बड़ी है मतलबी, तब पूँछती जब काम हो।
व्यापार में नुकसान हो, या फिर बड़ी बदनाम हो।।

सूरज नहीं तो दीप बन, संसार के निस्तार का।
जग जीव में भी प्रेम हो, इस सृष्टि के विस्तार का।।
आओ उजाले बाँट दें, इनके सही हकदार को।
अबतक तरसते ही रहे, जो आजतक अधिकार को।।

बंचित नहीं कोई रहे, जीवन सभी के काम का।
अधिकार सबको दीजिए, संदेश है ये राम का।।
सूरज नहीं तो दीप बन, संसार को सुख दीजिए।
जो बन पड़े उस काम से, ऐसा कभी कुछ कीजिए।।

सूरज नहीं तो दीप बन, निष्काम सेवा कीजिए।
जो भूख से व्याकुल दिखे, कुछ दान उसको दीजिए।।
सबका सुखी जीवन रहे, सब पेट भर खाएँ यहाँ।
है चार दिन की जिंदगी, फिर हम कहाँ फिर तुम कहाँ।।

आधार छंद - हरिगीतिका (सममात्रिक)
मात्रा - 28
मापनी - $$।$-$$।$, $$।$-$$।$
पदांत - ।$ या $।$

शीर्षक - काया निरोगी हो सदा

काया निरोगी हो सदा, जब योग को नियमित करें।
प्रतिदिन करें कुछ आसनें, कुछ रंग जीवन में भरें।।
पातंजली के योग ने, संसार को जीवन दिया।
तन के निरामय मार्ग ने, इस जीव को पावन किया।।

काया निरोगी हो सदा, सुंदर बना लो देह को।
कुछ ध्यान में बैठो जरा, लो प्रेम को इस नेह को।।
हो प्राण का आयाम जब, मृत प्राय ऊतक जागते।
संचार करते रक्त का, कुछ दौड़ते कुछ भागते।।

काया निरोगी हो सदा, नित योग से होवे सही।
पढ़ते नहीं हैं ग्रंथ को, जो बात ग्रंथों में कही।।
उत्साह भर दे चेतना, नस नाड़ियों में आपके।
संयोग बनते ध्यान के, हरि के भजन के जापके।।

काया निरोगी हो सदा, मानो सभी की बात को।
आहार अपना शुद्ध हो, काबू रखो हालात को।।
जीवन प्रकृति तादात्म हो, तद्रूप हो मन योग में।
फिर कुछ नहीं संसार में, संसार के इस भोग में।।

आधार छंद - हरिगीतिका (सममात्रिक)

मात्रा - 28

मापनी - $$।$-$$।$, $$।$-$$।$

पदांत - ।$ या $।$

शीर्षक - जन्मदिन

मधुमय रहे यह जन्मदिन, लख-लख वधाई आपको।
हम साधकों की ओर से, रबड़ी मलाई आपको।।
यह जन्मदिन मंगल रहे, सबकी दुआएँ लीजिए।
काया निरोगी हो सदा, कुछ योग साधन कीजिए।।

यश कीर्तियाँ संसार में, दिन रात ही बढ़तीं रहें।
सत्कर्म से नव पथ गढ़ें, ऊँचाइयाँ चढ़तीं रहें।।
मंगल सुमंगल भावना, सद्भाव का विस्तार हो।
प्रभु प्रेम मय हो साधना, यूँ जिंदगी निस्तार हो।।

संसार सागर में सदा, इंसानियत की बात हो।
लहरें उठें सद्भाव कीं, तब प्रेम की बरसात हो।।
साधन सुगम हों आपको, अध्यात्म की मंजिल मिले।
नजदीकियाँ मिलतीं रहें, साहित्य की बगिया खिले।।

साहित्य के आकाश में, हो पूर्णिमा की चादनी।
करतीं रहें सब पर कृपा, साकार वीणा वादनी।।
नादान करता है विनय, हे शारदे माँ आपसे।
रखना निरोगी आपको, हर किल्विषी संताप से।।

विषय- अमृत
विधा- प्रदीप छंद
मात्रा -29, यति 16, 13,
पदांत-लघु गुरु (12)
प्रदीप छंद=चौपाई (16) + दोहे का विषम चरण (13)

शीर्षक - गुरु आतम की ज्योति लखाते

गुरु आतम की ज्योति लखाते, दिव्य चक्षु को खोल लो।
गुरू अमृत की बूँद पिलाते, हृदय अमृत अनमोल लो।।
गुरु अनहद का नाद सुनाते, बिन आहत ही बज रहे।
गुरू नाम का जाप कराते, स्वाँसें जब सोहं कहे।।

शब्द ब्रह्म का स्त्रोत यहाँ है, सहज योग इसको कहें।
ईश्वर बोलो और कहाँ है, हृदय देश में ही रहें।।
स्वाँस निरंतर वही चलाता, चेतन है वह प्राण में।
तुम सो जाते वह रह जाता, देख उसे कल्याण में।।

मानव हो अपने को जानो, हृदय गुफा का ज्ञान लो।
घट में ब्रह्म ज्योति पहचानो, नाम रूप को जान लो।।
भेद ब्रह्म का खुल जाएगा, अंतर्मन में ध्यान हो।
घट में ईश्वर मिल जाएगा, अपनी तो पहचान हो।।

विधा- प्रदीप छंद
मात्रा -29, यति16, 13,
पदांत-लघु गुरु (12)
प्रदीप छंद = चौपाई (16) + दोहे का विषम चरण (13)

शीर्षक - आज़ादी

आज़ादी के दीवानों के, जीवन में संघर्ष था।
आज देश की खातिर लड़ने, उनके दिल में हर्ष था।।
त्याग तपस्या बलिदानों का, इक लंबा इतिहास था।
आज़ादी के दीवानों को, अपने पर विश्वास था।।

आई नहीं अभी आज़ादी, अपने भारत देश में।
सारे मिलकर लूट रहे हैं, अब भी नकली वेश में।।
अब स्वतंत्रता धन पतियों को, सब कुछ ही उपलब्ध है।
मध्यम वर्ग सदा पिसता है, यह उसका प्रारब्ध है।।

जिनके कारण यह दिन देखा, याद उन्हें करते चलें।
आज़ादी के दीवानों का, कर्ज सभी भरते चलें।।
लाखों ने बलिदान दिया था, शत शत अभिनंदन करें।
भाव पुष्प अपने अर्पित हों, अब सादर वंदन करें।।

विंधा –गीत
आधार छंद – प्रदीप 16ः13
मात्रा – 29
पदांत – रगण ($।$) 212

शीर्षक - व्याकुल (4) अंतरे

व्याकुल होगी धरा हमारी, जीव जंतु इंसान रे।
व्यर्थ बहाना छोड़ो जल का, क्यों इतने अंजान रे।।
जल से ही है जीवन अपना, इसकी कीमत जान रे।
जल संरक्षण सीखो भाई, इनका कहना मान रे।।

जंगल काटे निर्दयता से, छाया बची न नाम को।
सूर्य ताप से झुलस रहे हो, भोग रहे अंजाम को।।
ताल सरोवर सूख गए हैं, छोड़ जरा अभिमान रे।
व्यर्थ बहाना छोड़ो जल का, क्यों इतने अंजान रे।।

पंछी प्यासे धरती प्यासी, प्यासा यह संसार है।
व्याकुल सारे जीव जंतु हैं, पानी ही आधार है।।
पानी बिन सारे तरसोगे, इसकी कीमत जान रे।
व्यर्थ बहाना छोड़ो जल का, क्यों इतने अंजान रे।।

जल जंगल से प्रकृति बनी है, जल के बिन वीरान सा।
जल संरक्षण नहीं किया तो, घर ही है शमशान सा।।
बूँद बूँद की कीमत समझो, अब मूरख नादान रे।
व्यर्थ बहाना छोड़ो जल का, क्यों इतने अंजान रे।।

आधार छंद – प्रदीप 16ः13

मात्रा – 29

पदांत – रगण ($|$) 212

विधा –गीत

शीर्षक - तिरंगा

आज तिरंगा प्यारा अपना, भारत की पहचान है।
हम इसके दीवाने सारे, यह अपना अभिमान है।।
अखिल विश्व में इस झंडे की, अजब निराली शान है।
तन-मन प्राण समर्पित इसको, यह हम सबकी आन है।।

प्राणों की आहुतियाँ दी हैं, लाखों दीं कुर्बानियाँ।
आजादी के दीवानों ने, ऐसे लिखीं कहानियाँ।।
झुकने नहीं दिया झंडे को, हमको ये अभिमान है।
आज तिरंगा प्यारा अपना, भारत की पहचान है।।

थर्रा उठता था दुश्मन भी, भारत की ललकार से।
डरते थे रानी झाँसी की, चमकदार तलवार से।।
गूँज रहा आकाश अंक में, अब भी यह जयगान है।
आज तिरंगा प्यारा अपना, भारत की पहचान है।।

भगतसिंह आजाद सरीखे, वीर सुभाष महान थे।
बटुकेश्वर हेमू बिस्मिल सब, ये भारत की शान थे।।
वीर प्रसूता भारत माता, जिसको यह वरदान है।
आज तिरंगा प्यारा अपना, भारत की पहचान है।।

आधार छंद - प्रदीप

मात्रा - 29

पदांत - रगण ($ $ | $ $)

विधा - गीत++

शीर्षक - घिसता अपना चाम रे

तेल सुगंधित खूब लगाले, खाले तू बादाम रे।
मल-मल खूब नहाता वंदे, घिसता अपना चाम रे।।
यह काया माटी का चोला, माटी बीच तमाम रे।
व्यर्थ जोड़ता धन अरु दौलत, साथ चले कब दाम रे।।

घास पूस सम जल जाएगा, यह माटी का चोल रे।
मन को जोड़ नाम जप करले, माटी में मत रोल रे।।
श्वाँस मिली है गिनकर वंदे, जिसमें निकले राम रे।
मल-मल खूब नहाता वंदे, घिसता अपना चाम रे।।

कीमत इसमें प्राणों की है, चेतन इसका प्राण है।
श्वाँस चलाता और छोड़ता, सबको देता त्राण है।।
मृगा नाभि कस्तूरी जैसा, घट में उसका धाम रे।
मल-मल खूब नहाता वंदे, घिसता अपना चाम रे।।

रोग बुढ़ापा भी आएगा, मौत खड़ी तैयार है।
साथ चलेगी क्या यह कोठी, जिसका चौकीदार है।।
राम नाम का सुमिरन करले, साथ चलेगा नाम रे।
मल-मल खूब नहाता वंदे, घिसता अपना चाम रे।।

विधा – गीत
आधार छंद – प्रदीप
मात्रा – 29
पदांत – रगण ($।$)

शीर्षक – हर सपना साकार हो (2) अंतरे

जिनके जीवन में कर्मों का, सदा रहा आधार हो।
कोशिश करते उस साधक का, हर सपना साकार हो।।
मिले सफलता उसको जग में, जो हरदम तैयार हो।
आलस का लवलेश नहीं हो, जो जन सेवा दार हो।।

जीवन का भी मंत्र यही है, कर्मठ प्रतिभा वान हो।
जीवट चेतन लगनशील की, अजब निराली शान हो।।
सजग रहे जो अपने पथ पर, उसकी जय-जय कार हो।
कोशिश करते उस साधक का, हर सपना साकार हो।।

ठोकर के पहले जग जाओ, तब जगने का मान है।
समय चूक फिर क्या पछताना, ऐसा यहाँ विधान है।।
आँखें खोल देख लो दुनियाँ, यही गीत का सार हो।
कोशिश करते उस साधक का, हर सपना साकार हो।।

परवाजों के साहस से ही, मिलती उन्हें उड़ान है।
मोती सहज नहीं मिलते हैं, ये समुद्र की आन है।।
लिए हौसला आगे बढ़ता, जब प्रयत्न हर बार हो।
कोशिश करते उस साधक का, हर सपना साकार हो।।

विधा- प्रदीप छंद

मात्रा -29,

यति16, 13,

पदांत-लघु गुरु (12)

प्रदीप छंद = चौपाई (16) + दोहे का विषम चरण (13)

शीर्षक - रोटी

भूखा रहे न कोई वंदा, सबको न्याय समान हो।
रोजी रोटी मिले सभी को, सबका एक विधान हो।।
हो क़ानून एक जनता का, सबको अक्षर ज्ञान हो।
स्वस्थ रहे जन मानस अपना, ऐसा अनुसंधान हो।।

रोजी रोटी शिक्षा सबको, सबका खूब विकास हो।
जन जीवन में स्वाबलंब हो, दिल में हर्षोल्लास हो।।
झूमें नाचें गायें सारे, प्रतिभा का सम्मान हो।
रोजी रोटी मिले सभी को, सबका एक विधान हो।।

हर कन्या में इक सीता हो, हर बालक में राम हो।
सब आदर्श बने भारत के, श्रम का शुभ परिणाम हो।।
सुंदर स्वच्छ दिव्य सा घर हो, भारतीय परिधान हो।
रोजी रोटी मिले सभी को, सबका एक विधान हो।।

भारत की गौरव गरिमा को, विश्व पटल पर देखना।
सोने की चिड़िया भारत था, इसको कम मत लेखना।।
विश्व मंच पर पुनः प्रतिष्ठा, भारत का जय गान हो।
रोजी रोटी मिले सभी को, सबका एक विधान हो।।

आधार छंद - प्रदीप
मात्रा - 29
पदांत - रगण ($ । $)
विधा - गीत

शीर्षक - राखी का त्यौहार है

रेशम के धागे में देखो, कितना प्रेम अपार है।
सबसे पावन सबसे सुंदर, राखी का त्यौहार है।।
राह देखता है बहना की, रखता कुछ उपहार है।
बहन तड़पती है भाई को, यही बहन का प्यार है।।

सूनी होगी आज कलाई, मेरे प्यारे वीर की।
राह देखता होगा भाई, चिंता है रणधीर की।।
भूखा प्यासा बैठा होगा, लिए हुए उपहार है।
सबसे पावन सबसे सुंदर, राखी का त्यौहार है।।

दिल में हलचल होने लगती, बहन आज घर आ रही।
बहुत दिनों में आज मिलेगी, राखी हमको ला रही।।
रेशम का धागा मात्र नहीं, यह रक्षा का भार है।
सबसे पावन सबसे सुंदर, राखी का त्यौहार है।।

मुझको भैया भूल न जाना, बहना रोकर के कहे।
तुम राखी का बचन निभाना, बहन कष्ट अब क्यों सहे।।
बहन बलैयाँ लेती करती, भाई से मनुहार है।
सबसे पावन सबसे सुंदर, राखी का त्यौहार है।।

विधा- प्रदीप छंद

मात्रा -29,

यति16, 13,

पदांत-लघु गुरु (12)

प्रदीप छंद = चौपाई (16) + दोहे का विषम चरण (13)

शीर्षक - शिव नाम महिमा

शिव शंकर भोले भंडारी, महिमा किस मुँह से कहें।
ब्रह्म राम से नाम बड़ा है, बिन सुमिरण कैसे रहें।।
ध्यान मग्न हैं अब त्रिपुरारी, ध्यान लगाना जानिए।
अंतर्मुख होना भी सीखो, गुरु की आज्ञा मानिए।।

कार्तिकेय लंबोदर गौरा, नंदी से भी जान लो।
पावन नाम स्वाँस में चलता, तुम इसको पहचान लो।।
उमा सहित जब जपत पुरारी, नाम जगत आधार है।
स्वाँस स्वाँस सुमिरण कर डालो, इसी बात में सार है।।

संत महंत सिद्ध मुनि जोगी, सब जपते हैं नाम को।
भोले बाबा जपत निरंतर, रहते अपने धाम को।।
तुम सब पावन नाम सुमिर लो, सब भोले के भक्त हो।
भक्ति मुक्ति सब पा जाओगे, चरणों में अनुरक्त हो।।

विधा - गीत
आधार छंद - प्रदीप
मात्रा - 29
पदांत - रगण ($|$)

शीर्षक - ये मेरा अधिकार है (2) अंतरे

लोकतंत्र में मत देने का, ये मेरा अधिकार है।
सोच समझकर चुनना उसको, जिसे देश से प्यार है।।
जागरूक रहना मतदाता, फैला भ्रष्टाचार है।
वोट हमारा व्यर्थ न जाए, करना खूब विचार है।।

सावधान रहना चोरों से, लूट रहे हैं देश को।
गंदी करते पावन धरती, लजा रहे परिवेश को।।
चीर हरण करते जो माँ का, उनका क्यों सत्कार है।
सोच समझकर चुनना उसको, जिसे देश से प्यार है।।

घोटालो की देख श्रृंखला, लज्जित अपनी आन है।
इनको शर्म नहीं आती है, धन कुबेर की खान है।।
न्याय बना कठपुतली इनकी, ऐसा भी परिवार है।
सोच समझकर चुनना उसको, जिसे देश से प्यार है।।

नहीं राष्ट्र गौरव की चिंता, पद लोलुप इंसान हैं।
सत्ता इनकी बनी खिलौना, बन बैठे भगवान हैं।।
हाथ मिलाते हैं दुश्मन से, खून बड़ा गद्दार है।
सोच समझकर चुनना उसको, जिसे देश से प्यार है।।

विधा - गीत
आधार छंद - प्रदीप
मात्रा - 29
पदांत - रगण ($।$)

शीर्षक - चलो गाँव की ओर रे (2) अंतरे

गाँव छोड़कर भाग रहे हो, चलो गाँव की ओर रे।
छक कर दूध मलाई खाओ, बड़ी सुहानी भोर रे।।
शहर तुम्हारे सकरे-सकरे, बच्चे सब कमजोर रे।
गर्मी से दम घुटता अपना, होता हरदम शोर रे।।

बड़े भोर से मुर्गा बोले, गाय रँभाती थान से।
सूरज कोमल किरणें लेके, आते हैं भगवान से।।
पंछी आकर कलरव करते, छत पर चारों ओर रे।
गाँव छोड़कर भाग रहे हो, चलो गाँव की ओर रे।।

पीपल नीम और बरगद की, छाया में सब बैठते।
चौसर बिछती पाँसे चलते, दाऊ सभी से ऐंठते।।
बच्चे सीख रहे हैं कुश्ती, जो हैं कुछ कमजोर रे।
गाँव छोड़कर भाग रहे हो, चलो गाँव की ओर रे।।

खेत लहलहाते फसलों से, आपस में सहकार है।
काम सभी के मिलकर होते, अभी गाँव में प्यार है।।
भाई चारा जिंदा अपना, बँधे प्रेम की डोर रे।
गाँव छोड़कर भाग रहे हो, चलो गाँव की ओर रे।।

सृजन शब्द ः - बंधन
राधेश्याम छंद (मत्त सवैया)
मापनी 2ः12ः2=16 मात्रा एक चरण,
आदि अंत द्विकल 2, 11 मान्य
राधे श्यामी छंद 32 मात्रिक

शीर्षक - है राखी का बंधन प्यारा

है राखी का बंधन प्यारा, रेशम का धागा मत समझो।
जिसने पहना है हाथों में, फिर उसे अभागा मत समझो।।
यह प्रबल प्रेम का द्योतक है, इसको आवारा मत समझो।
यह पावन रक्षा सूत्र यहाँ, जादू की धारा मत समझो।।

राखी बहना का आशिष है, राखी बहना का प्यार कहो।
राखी है खुशबू रिश्ते की, राखी पावन त्यौहार कहो।।
यह पावन तिलक बहन का है, जो तुम्हें सुरक्षित करता है।
तुमने रक्षा का बचन दिया, जो भात बहन का भरता है।।

है राखी का बंधन प्यारा, राखी का बचन निभाना तुम।
भैया जब संकट कभी पड़े, तब उसी समय पर आना तुम।।
खुश रहो सदा अपने घर में, पर याद हमें भी कर लेना।
माँ का भी रखना ध्यान सदा, अरु पिता कष्ट को हर लेना।।

ाधेश्याम रामायण तर्ज़
मत्त सवैया
मापनी 2:12:2=16 मात्रा एक चरण,
आदि अंत द्विकल 2, 11 मान्य
राधे श्यामी छंद 32 मात्रिक

शीर्षक - हरियाली

बादल के जल बरसाने से, खुद बसुधा ने श्रृंगार किया।
सावन में देकर हरियाली, सब जीव-जगत से प्यार किया।।
है हरा-भरा आँगन अपना, खलिहान खेत में हरियाली।
बागान वाटिका उपवन में, खुश दिखता है अपना माली।।

झूले पड़ गए यहाँ देखो, सखियाँ मिल झूल रहीं झूला।
मंदिर में गूँज रही घंटी, बज रहे आज फिर रमतूला।।
अलगोजों की धुन सुन करके, चरवाहा खुश हो जाता है।
बज रही भपंग कहीं देखो, आल्हा पर कोई गाता है।।

गोटें गाते हैं पशु पालक, जब कारस देव मनाने को।
बारिस में गाते भजन यहाँ, देवी पर ध्वजा चढ़ाने को।।
हरियाली फैली देख यहाँ, तन मन प्रसन्न हो जाता है।
धरती की प्यास बुझाने को, जब बादल जल बरसाता है।।

राधेश्याम रामायण तर्ज

मत्त सवैया

मापनी 2ः12ः2=16 मात्रा एक चरण,

आदि अंत द्विकल 2, 11 मान्य

राधे श्यामी छंद 32 मात्रिक

शीर्षक - बाबा अमरनाथ

हे नीलकंठ भोले भाले, भक्तों का भाव निराला है।
कुछ बेल पत्र अर्पित करके, उनको प्रसन्न कर डाला है।।
तुम श्वेत आक के पुष्पों से, उनके मन को हर सकते हो।
बम-बम भोले के नारों से, शिव की सेवा कर सकते हो।।

है शमी बहुत प्रिय शंकर को, तुम उनको अर्पित कर देना।
हो कहीं धतूरे का गट्टा, तो उन्हें समर्पित कर देना।।
घृत शहद शर्करा दूध दही, चढ़ती है भाँग शिवार्चन में।
चढ़ती मरघट की राख नित्य, लगता गंगाजल अर्चन में।।

यह पावन सावन मास यहाँ, काँवड़िया जल लेकर आते।
शिव के पूजन के भावों से, शिव का पूजन करके जाते।।
गंगा जल शिव पर अर्पित कर, बम-बम भोले के नारों से।
शिव भक्ति भाव मय हो जाता, मंदिर शिव के जयकारों से।।

हे नीलकंठ काशी बासी, यह भाव आप स्वीकार करो।
संसार बीच मँझधार खड़ा, मानवता पर उपकार करो।।
हैं भक्त सभी भोले भाले, अब उन पर आप कृपा कीजे।
स्वीकार करो बस भाव पुष्प, मन मंदिर में आसन लीजे।।

राधेश्यामी छंद (मत्त सवैया)
पदपादाकुलक छंद के एक चरण में 16 मात्रा होती हैं
आदि में द्विकल (2 या 11) अनिवार्य होता है किन्तु त्रिकल वर्जित होता है
राधेश्यामी छंद का मात्राभार
2 + 12 + 2 = 16 मात्रा

शीर्षक - सावन में झूला झूल रही

सावन में झूला झूल रही, अपनी प्यारी राधा रानी।
कुंजन में बंशी बाज रही, अरु बरस रहा रिमझिम पानी।।
बंशी की धुन को सुनकरके, कर रहे नृत्य वन में प्राणी।
गुंजन करती है कोयलिया, प्रमुदित होती है कल्याणी।।

राधारानी के भक्त सभी, उनको झूला झुलवायेगें।
सावन का पावन पर्व अभी, सब बरसाने भी जायेंगे।।
राधा ने पहनी लाल चुनर, अरु पीत बसन माधव सोहें।
अलबेली हैं राधा रानी, आकर्षक केशव मन मोहें।।

राधा रानी करती पुकार, तब मोहन दौड़े आते हैं।
बंशी की मधुर तान सुनकर, फिर सबको यहाँ बुलाते हैं।।
तब मोहन करते महारास, खुश होती हैं राधा प्यारी।
गोपी ग्वाले आनंद मगन, यह लीला है जग से न्यारी।।

हैं भक्ति स्वयं राधा रानी, तो प्रेम स्वयं श्री बनवारी।
हैं भक्त सभी गोपी ग्वाले, जाते दोनों पर बलिहारी।।
यमुना जी में करते विहार, आलोकित होता जग सारा।
अलबेली हैं राधा रानी, सबका प्यारा मोहन प्यारा।।

तीन रंगों में रँगा हिंदुस्तान
राधेश्याम छंद (मत्त सवैया)
मापनी 2ः12ः2=16 मात्रा एक चरण,
आदि अंत द्विकल 2, 11 मान्य
राधे श्यामी छंद 32 मात्रिक

शीर्षक - तिरंगा

भारत की शान तिरंगा है, हमको प्राणों से प्यारा है।
हैं त्रिविध रंग जीवंत यहाँ, यह अखिल विश्व से न्यारा है।।
है केसरिया इसका बाना, जो त्याग हमें सिखलाता है।
निज साहस शौर्य पराक्रम से, इसका भी गहरा नाता है।।

है हरी हमारी हरियाली, खुशहाली का परिचायक है।
सुख पावनता का दाता है, यह गहन विकास प्रदायक है।।
है नीला चक्र निरंतरता, जो धर्मचक्र निर्माता है।
यह शांति सत्य का वाहक है, यश वैभव कीर्ति प्रदाता है।।

भारत की शान तिरंगा है, करते न्यौछावर जान यहाँ।
भारत के वीर जवानों का, हम करते हैं गुणगान यहाँ।।
जब तक है सूरज चाँद यहाँ, यह लहर-लहर लहराएगा।
आकाश अंक की गोदी में, यह फहर-फहर फहराएगा।।

कागज की नाव
मत्त सवैया राधेश्यामी छंद
मापनी 2:12:2=16 मात्रा एक चरण,
वर्षा गीत

शीर्षक - आई वर्षा आई वर्षा

आई वर्षा आई वर्षा, धरती की प्यास बुझाने को।
जब आसमान सर उठा लिया, बच्चों ने धूम मचाने को।।

दादुर भी आस लगाए है, कब बरसे पानी की धारा।
सब जगह हुई है बरसातें, झींगुर का गीत सुने प्यारा।।
सूखे हैं ताल सरोवर सब, भूखे प्यासे नदियाँ नाले।
पंछी प्यासे हैं अरसे से, सब पेड़ वहाँ पड़ गए काले।।
गर्मी ने संकट खड़ा किया, सबको आज लुभाने को।
आई वर्षा आई, , , , ,

मिलताहै स्वर्गिक सुख देखो, बच्चों को छप छप पानी में।
मुन्ना चुन्ना सोनू मोनू, सब मिलते एक कहानी में।।
कागज की नाव बनाकर के, दिन भर उसको दौड़ाते हैं।
पहले वारिश के पानी में, सब लोट-पोट हो जाते हैं।।
साइकिल के टायर को लेकर, पानी में दौड़ लगाने को।
आई वर्षा आई, , , , ,

शीर्षक - जीवन शुभ मंगल बने

(दोहा+13, 11 अर्द्ध रोला 11, 13)

जीवन शुभ मंगल बने, पावन बने विचार।
करिए नूतन वर्ष में, केवल शाकाहार।।
केवल शाकाहार, रोज खाएँ नित नूतन।
करिए हिंसा त्याग, सभी मैं होता जीवन।।

पावन मन अरु नेक दिल, जब होता इंसान।
तब उसके सतकर्म से, खुश होते भगवान।।
खुश होते भगवान, कृपा से चलता जीवन।
आया नूतन वर्ष, करें अपना मन पावन।।

दीपक बनकर कीजिए, घर बाहर उजियार।
बने सहारा हम सभी, कर थोड़ा उपकार।।
कर थोड़ा उपकार, बने जीवन मैं रूपक।
दुनियां रक्खे याद, अगर बन जायें दीपक।।

जीवन सबसे कीमती, सुख दुख हैं मेहमान।
इसके अंदर ही छुपी, मानव की पहचान।।
मानव की पहचान, खोज इसमें ही भगवन।
कुदरत के सब राज, बनेगा सुंदर जीवन।।

मानव भूला दंभ मैं, पा दौलत सम्मान।
पता नहीं है क्या उसे, कण कण में भगवान।।
कण कण में भगवान, बना बैठा है दानव।
जाने इसका मर्म, वही है सच्चा मानव।।

शीर्षक - जिनका सुंदर आचरण

(दोहा 13, 11+अर्द्ध रोला 11, 13)

जिनका सुंदर आचरण, संस्कार हों नेक।
उनमें प्रायः ही मिले, बुद्धि ज्ञान विवेक।।
बुद्धि ज्ञान विवेक, धर्म मय जीवन उनका।
पावन शुद्ध चरित्र, आचरण सुंदर जिनका।।

जिनके सुंदर आचरण, उनके सुंदर काम।
उससे भी सुंदर अधिक, जीवन के परिणाम।।
जीवन के परिणाम, काम सब बनते उनके।
संस्कार हैं नेक, आचरण सुंदर जिनके।।

सपनें हों साकार जब, तब मिलती पहिंचान।
संघर्षों को भोगकर, बनता है इंसान।।
बनता है इंसान, खुशी में होते अपनें।
मिलती है पहिंचान, सच्च होते जब सपनें।।

होगा क्या किसको पता, यह जाने ना कोय।
जो विधि लिखा लिलार में, वही अटक के होय।।
वही अटक के होय, भले तुम रहो दरोगा।
ये विधिना के लेख, लिखा उसने वो होगा।।

किस्मत में जो लिख दिया, बन जाता वह लेख।
किंतु कर्म से काटते, विधिना के आलेख।।
विधिना के आलेख, वही बन जाते अस्मत।
जो विधि लिखा लिलार, उसे कहते हैं किस्मत।।

शीर्षक - जीवन यात्रा के लिए

(दोहा 13, 11+अर्द्ध रोला 11, 13)

जीवन यात्रा के लिए, रहें सदा तैयार।
काम रोज का रोज हो, रक्खें नहीं उधार।।
रक्खें नहीं उधार, न होगी कोई अनबन।
मंगल होंगे भाव, रहेगा पावन जीवन।।

यात्रा में ज्यादा नहीं, रखियेगा सामान।
रहे जरूरत का सभी, सफर बने आसान।।
सफर बने आसान, नहीं हो ज्यादा मात्रा।
सुख से घूमें आप, सुखद मंगल हो यात्रा।।

यात्रा जीवन की कठिन, बहुत कठिन है अंत।
कहते वेद पुराण सब, कहते सारे संत।।
कहते सारे संत, भजन को कहती छात्रा।
सुंदर सरल उपाय, सहज मंगल हो यात्रा।।

जिसने जीवन में लिया, प्रभु का नाम पवित्र।
जीवन के हर मोड़ पर, मिले सुपावन मित्र।।
मिले सुपावन मित्र, करिश्मा देखा किसने।
प्रभु का पावन नाम, लिया जीवन में जिसने।।

जीवन को कर लीजिए, लेकर नाम पवित्र।
तुम्हें दिखेंगे ध्यान में, दिव्य लोक के चित्र।।
दिव्य लोक के चित्र, दिखेंगे सुंदर उपवन।
लेकर प्रभु का नाम, सफ़ल हो जाए जीवन।।

शीर्षक - होनी टाले कब टली

(दोहा 13, 11 अर्द्ध रोला 11, 13)

होनी टाले कब टली, लिख दी जो करतार।
मानव के है हाथ में, कर्मों का व्यवहार।।
कर्मों का व्यवहार, समय से करता बोनी।
देता सब दातार, टली कब टाले होनी।।

होनी टाले कब टली, विधि का यही विधान।
होता जीवन में वही, जो चाहे भगवान।।
जो चाहे भगवान, कते उतनी ही पोनी।
विधि का यही विधान, टली कब टाले होनी।।

होनी टाले कब टली, कहते संत सुजान।
पल-पल का रहता लिखा, उसके पास विधान।
उसके पास विधान, मिले कब रूखी रोनी।
कहते संत सुजान, टली कब टाले होनी।।

नारी को समझो नहीं, अबला या कमजोर।
नारी से संसार में, बँधी प्रेम की डोर।।
बँधी प्रेम की डोर, अकेली सब पर भारी।
सबका है अस्तित्व, अगर है सुख में नारी।।

नारी ने भगवान से, कब मांगा है त्राण।
यम से वापस ले लिए, सत्यवान के प्राण।।
सत्यवान के प्राण, अकेली सब पर भारी।
अमर हो गई आज, सती सावित्री नारी।।

आधार छंद -हरिप्रिया छंद/चंचरीक /गरबा (सममात्रिक दण्डक)

मात्रा - 46

यति - 12, 12, 12, 10

पदांत - $ आवश्यक

शीर्षक - करे दंभ बुद्धि भ्रष्ट

करे दंभ बुद्धि भ्रष्ट, देता है आज कष्ट,
बुद्धि ज्ञान करे नष्ट, दंभ नहीं करना।
रावण की आज हार, दंभ आज क्षार-क्षार,
जंग हुई आर-पार, दंभी से डरना।।

कंस मिली आज मात, कृष्ण हनी एक लात,
खुशी हुए मात- तात, सब हैं आभारी।
हिरणाकश्यप अधीर, दंभ हुआ चीर-चीर,
मार दिए आज वीर, जाने संसारी।।

करे दंभ बुद्धि भ्रष्ट, रहते हैं सभी रुष्ट,
होता है आज कष्ट, कोई कब माने।
मानव तू दंभ छोड़, होगी फिर तोड़-फोड़,
ज्ञानी से तार जोड़, ज्ञान खूब छाने।।

करो मौज रास रंग, जीवन में हो उमंग,
करना मत मान भंग, राम नाम जानो।
जीवन है चंद रोज, करले कुछ ज्ञान खोज,
मिलती है एक ओज, उसको भी मानो।।

आधार छंद - हरिप्रिया छंद (सममात्रिक दण्डक)

मात्रा - 46

यति - 12, 12, 12, 10

पदांत - चौकल या $ आवश्यक

शीर्षक - हरियाली (2) युग्म

त्रिभुवन में मचा शोर, सावन में करे जोर,
गिरता है उठत भोर, पानी ही पानी।
रिमझिम गिरती फुहार, धरती में नवाचार,
थोड़ा लेना अहार, सबने है मानी।।

हरियाली की उमंग, करता है रोज तंग,
होती है नींद भंग, मच्छर है सानी।
आल्हा की सुनो तान, दादुर का मृदुल गान,
झींगुर को लगा कान, सुनती है रानी।।

पावन है देश राग, खेती के जगे भाग,
सावन में गई जाग, उठी घटा काली।
रिमझिम बरसात आज, बादल के बजे साज,
बिजुरी को नहीं लाज, देखो हरियाली।।

धरती की बुझी प्यास, खेती की जगी आस,
भरे ताल कुँआ खास, खुश होता माली।
धरती की आन वान, भारत की देख शान,
खूब करो नाच गान, नाचो दे ताली।।

आधार छंद - हरिप्रिया छंद (सममात्रिक दण्डक)

मात्रा - 46

यति - 12, 12, 12, 10

पदांत - $ आवश्यक

शीर्षक - हिंदी की बनो शान (2) युग्म

हिंदी है देश गान, हिंदी की बनो शान,
हिंदी है स्वाभिमान, हिंदी को मानो।
हिंदी में हो विधान, हिंदी है प्राण वान,
हिंदी में राष्ट्र गान, हिंदी को जानो।।

हिंदी में लोक तंत्र, हिंदी में आज यंत्र,
हिंदी है बीज मंत्र, इसको अपनाओ।
हिंदी है दिग-दिगंत, पढ़ते हैं आज संत,
शब्द भाव हैं अनंत, सबको बतलाओ।।

हिंदी की बनो शान, हिंदी को दो कमान,
करो न्याय में विधान, हिंदी हो आगे।
हिंदी का बढ़े मान, हिंदी में वेद ज्ञान,
लिख डालो संविधान, जन का मन जागे।।

हिंदी में वेद सार, हिंदी है तार-तार,
हिंदी का कर्ज भार, कुछ कभी उतारो।
हिंदी से करो प्रीत, हिंदी है देश रीत,
हिंदी की आज जीत, तन-मन धन वारो।।

आधार छंद -हरिप्रिया छंद (सममात्रिक दण्डक)

मात्रा - 46

यति - 12, 12, 12, 10

पदांत - $ आवश्यक

शीर्षक - आत्म-बोध

आत्म बोध ब्रह्म ज्ञान, जान करो रोज ध्यान,
ब्रह्म जोत सत्य मान, देखो उजियारा।
जान लिया राम नाम, जाप करो भोर शाम,
यही एक सत्य धाम, प्राणो से प्यारा।।

सुनो नाद ब्रह्म आज, बाज रहे रोज साज,
जान लिया एक राज, अमरित घट पीना।
जान लिया ब्रह्म ज्ञान, देख लिया प्राण वान,
यही एक सत्य मान, इसमें है जीना।।

जिसको है आत्म बोध, करता है नित्य शोध,
त्याग सभी काम क्रोध, अंतर्मुख होता।
चेतना है प्राण वान, करता है नित्य ध्यान,
ऐसा है ब्रह्म ज्ञान, मूरख क्यों सोता।।

नहीं सूर्य चंद्र आग, मिले दिव्य ज्योति जाग,
मानव के बड़े भाग, मूरख मन जागा।
स्वाँसों का नाम जाप, मेट देत तीन ताप,
देख उसे आज आप, लोभ मोह भागा।।

आधार छंद - हरिप्रिया छंद (सममात्रिक दण्डक)
मात्रा - 46
यति - 12, 12, 12, 10
पदांत - $ आवश्यक

शीर्षक - झूठी माया नश्वर काया

मन को दो नेक काम, एक जाप राम नाम,
भूल जाय ताम-झाँम, सुमिरण में वाणी।
साँसों में वेग वान, देता है प्राण दान,
मंत्रों में नेक जान, राम नाम प्राणी।।

अंतस में भर उजास, छोड़ सभी दूर-पास,
कौन यहाँ आज खास, झूठी सब माया।
जपते हैं साधु संत, हो जाता द्वैत अंत,
जाप करो आप कंत, नश्वर है काया।।

एक जाप राम नाम, करता है चार काम,
सुख का है एक धाम, यश भी बढ़ जाता।
इसको ही नाव मान, जीवन का ध्येय जान,
मिल जाता दिव्य ज्ञान, आयुष भी पाता।।

काम सभी छोड़ छाड़, मनुआ को दे लताड़,
देख जरा आँख फाड़, सुख का है दाता।
संकट में राम वाण, देता है आज त्राण,
जिंदा हैं देख प्राण, नाम पिता माता।।

आधार छंद – हरिप्रिया सममात्रिक दण्डक
प्रति पंक्ति – 46
यति – 12, 12, 12, 10

शीर्षक – झुलस रही धरती। (2 युग्म)

गरमी में खोज छाँव, देख कहीं दूर गाँव,
कहाँ रखें आज पाँव, झुलस रही धरती।
पानी का हो विधान, खूब पियो छान-छान,
रोज सुनो गान-तान तीन ताप हरती।।

पंछी करते विहार, थोड़ा कर लें विचार,
बूँद-बूँद चीत-कार, चिड़ियों को भरती।
जीव जंतु हैं निढाल, गर्मी का है उछाल,
बादल करते निहाल, तभी गाय चरती।।

बरस रही तेज आग, चलता है कम दिमाग,
उठो छोड़ दौड़ भाग, पेड़ को लगाओ।
सड़कों का खूब जाल, धरा हुई तप्त लाल,
दिखे हमें रोज काल, वृक्ष को बचाओ।।

संकट में जीव आज, बंद सभी काम काज,
कष्ट सहे ये समाज, शेष को जगाओ।
गिरती जब तेज धार, बारिश की खूब मार,
मिटा सको अंधकार, पौध को मँगाओ।।

आधार छंद - हरिप्रिया सममात्रिक दण्डक
प्रति पंक्ति - 46
यति - 12, 12, 12, 10

शीर्षक - विकट समय आया (2 युग्म)

वृक्ष करें प्राण दान, यही बना है विधान,
आज बढ़ा ताप मान, विकट समय आया।
सूरज करता कमाल, धरती है तप्त लाल,
खड़ा आज देख काल, दिखे नहीं छाया।।

खूब हुआ है विकास, वृक्ष नहीं आस पास,
जीव जंतु हैं उदास, करे कौन दाया।
ताप हुआ है पचास, बची नहीं शेष आस,
धरा गगन लें उसास, कहर खूब ढाया।।

गरमी का है कमाल, पानी का अब अकाल,
काबू में कर कपाल, जोड़ नहीं माया।
कैसा है ये रिवाज, छोड़ चुके लोक लाज,
काट रहे वृक्ष आज, जलती है काया।।

संत करें वृक्ष दान, शासन में हो विधान,
खोजें इसका निदान, खोया क्या पाया।
जब भी हो शुभ सुकर्म, यही रहे एक धर्म,
वृक्षों में खोज मर्म, व्यर्थ गीत गाया।।

आधार छंद – हरिप्रिया सममात्रिक दण्डक
प्रति पंक्ति – 46
यति – 12, 12, 12, 10

शीर्षक – दुनिया का मेला (2 युग्म)

माया का ये बजार, लज्जा है तार-तार,
करता है शर्मसार, दुनिया का मेला।
नहीं यहाँ मान-पान, कैसा है ये विधान,
पीते हैं छान-छान, करते हैं खेला।।

झूठ कपट का विचार, माने कब जीत-हार,
रोज छिड़ी आर-पार, बने कौन चेला।
स्वारथ से आज प्यार, खत्म हुआ अब उधार,
चढ़ा रात दिन खुमार, देते कब धेला।।

भरते हैं खूब रंग, उल्टे हैं आज ढंग,
आसमान में पतंग, काट रहे मिलके।
मिथ्या हैं ये विचार, झूठे हैं धर्मद्वार,
दिखता है आर-पार, माल देख किलके।।

रखते हैं धार-दार, करते हैं आँख चार,
खत्म हुआ सार-सार, जैसे हों छिलके।।
माँग रहे लोग त्राण, बचें शेष आज प्राण,
छोड़ दिए हैं पुराण, सुरा देख हिलके।।

आधार छंद - हरिप्रिया सममात्रिक दण्डक
प्रति पंक्ति - 46
यति - 12, 12, 12, 10

शीर्षक - चंचल मन मेरा (2 युग्म)

खूब करे दौड़ भाग, जल्द उठे भोर जाग,
छेड़े है नित्य राग, चंचल मन मेरा।
देख लिया आस-पास, पहुँच गया दूर खास,
देता है खूब त्रास, बदले है डेरा।।

इसकी है तेज धार, करे रोज-रोज रार,
आते हैं नित विचार, पल -पल में फेरा।
करे नहीं ज्ञान ध्यान, झूठों की बात मान,
अहंकार की उड़ान, विषयों ने घेरा।।

कभी लगे बीत राग, कभी दौड़ता प्रयाग,
नित्य नए हैं विभाग, जोड़े है माया।
सीख रहा प्रेम रीत, करता है देह प्रीत,
खोज रहा एक मीत, ढूंढ रहा छाया।।

ओढ़ता कभी दुशाल, तिलक करे नित्य भाल,
फेक रहा आज जाल, राम शरण आया।
जाता है चार धाम, लेता है राम नाम,
मन में हैं खोट काम, मार काट खाया।।

आधार छंद - हरिप्रिया सममात्रिक दण्डक
प्रति पंक्ति - 46
यति - 12, 12, 12, 10

शीर्षक - सद्गुरु घर आये (2 युग्म)

गाँव गली में बहार, खुले दिव्य चक्षु द्वार,
हुआ हृदय अब उदार, सद्गुरु घर आये।
पावन हैं मन विचार, स्वागत में फूल हार,
रखे कलश सूत्र धार, दिव्य गंध लाये।।

आया है अब बसंत, स्वागत में पूज्य संत,
लगता है दिग्दिगंत, जैसे निधि पाये।।
दीप रखे द्वार-द्वार, तोरण की है बहार,
मंद-मंद है बयार, स्वागत को धाये।।

सद्गुरु महिमा अनंत, कहें सुनें वेद संत,
बैठे हैं सब महंत, आसन बैठाये।
आज मिला दिव्य ज्ञान, नाद ब्रह्म नाम दान,
अमरित का किया पान, दीपक जलवाये।।

अंतर में था प्रकाश, बाहर करते तलाश,
बैठे थे हम हताश, सद्गुरु बतलाये।
जान लिया आज मर्म, क्या है अपना सुधर्म,
सुधरेंगे नित्य कर्म, चरण शरण पाये।।

शीर्षक - हनुमान जन्मोत्सव

पवन पुत्र हनुमान, सभी के संकट टारें।
करें दीन पर नेह, सदा दुष्टों को मारें।।
सेवक बन हनुमान, राम के भक्त कहाए।
सीता के प्रिय राम, रामप्रिय पदवी पाए।।

पवनपुत्र हनुमान, जन्मदिन आज तुम्हारा।
तुम्हीं अंजनी लाल, तुम्हें जाने जगसारा।।
तुम शिवके अवतार, बने सबके हितकारी।
मंगल मूरत रूप, आपकी शोभा न्यारी।।

सूर्य देव को लील, किया था कौतुक सारा।
सभी हुए हलकान, हुआ जग में अंधियारा।।
लंका से हनुमान, सिया की सुधि ले आये।
दुष्टों का संहार, स्वर्ण की लंक जलाये।।

दी संजीवनि आप, वीर लक्ष्मण भी जागे।
संकट आया देख, खड़े थे सबसे आगे।।
महावीर बल धीर, आपकी लीला न्यारी।
एक अकेला दास, रहा जब सबपर भारी।।

बोलो जय जयकार, बधाई मंगल गाओ।
पवनपुत्र का जन्म, खुशी से मोद मनाओ।।
सबका हो कल्याण, बने मंगलमय जीवन।
रामनाम का जाप, करे सबका मन पावन।।

आधार छंद - रोला छंद सममात्रिक
यति -11, 13
परिचय-अवतारी 24 मात्रा
वर्ग भेद (75025)
पदांत - 22/111/112

शीर्षक - चलो चलें अब गाँव

चलो चलें अब गाँव, बड़ी शहरों में गर्मी।
दूषित हवा तमाम, नहीं गर्मी में नर्मी।।
कहाँ करें विश्राम, नहीं दिखती अब छाया।
काटे पेड़ अनेक, झुलसती दिन में काया।।

चलो चलें अब गाँव, जहाँ पीपल की छाया।
बरगद के हैं पेड़, शुद्ध रहती है काया।।
मिलता देशी अन्न, दूध घी सब्जी भाजी।
जब भी चाहो आप, मिलेगी हरदम ताजी।।

चलो चलें अब गाँव, लगे है खूब सुहाना।
दिखते सुंदर दृश्य, मिलेगा देशी खाना।।
हरे भरे यह खेत, आम के घने बगीचे।
नीबू कटहल जाम, नहीं हैं वहाँ गलीचे।।

चलो चलें अब गाँव, हाठ लगती है प्यारी।
मिलता सब सामान, खूब भाजी तरकारी।।
गायों के हैं झुंड, शुद्ध मिलता घी मावा।
दूध दही अरु छाँछ, नहीं है कहीं छलावा।।

रोला छंद

शीर्षक - राम जन्म

राम जनम के हेतु, आज श्रृंगी ऋषि आए।
किया यज्ञ पुत्रेष्टि, खीर से शिशु प्रगटाए।।
राम लखन शत्रुघ्न, भरत ये चारों भाई।
दशरथ के प्रिय राम, आज जैसे निधि पाई।।

वन में भेजे राम, प्राण तन से ही छूटे।
हाय विधाता बाम, आज मुझसे क्यों रूठे।।
वन में कष्ट अनेक, साथ में सीता भोरी।
सीता को लंकेश, ले गया करके चोरी।।

खोज लिए हनुमान, साथ में लंक जलाया।
बानर भालू साथ, सभी ने पुल बनवाया।।
पहुँचे सागर पार, नहीं खोला दरवाजा।
वनबासी थे राम, उधर लंका का राजा।।

दिया विभीषण राज, लौट प्रभु अवध सिधाए।
जगमग हुआ वितान, सभी ने दीप जलाए।।
खुशियाँ मिली अपार, सभी जन मोद मनाए।
चौदह वर्षों बाद, राम अपने घर आए।।

आधार छंद – रोला छंद सममात्रिक
यति –11, 13
परिचय – अवतारी 24 मात्रा
वर्ग भेद (75025)
पदांत – 22/111/112

शीर्षक - उदास/आस/प्यास

कबसे तकती राह, कुपित हैं पिया हमारे।
देखो मेरी ओर, मुदित मन प्रीतम प्यारे।।
तड़पत हूँ दिन रैन, चैन मन आज न पाए।
मन है बहुत उदास, रात भर नींद न आए।।

मन है शंकित आज, सौत ने मन भरमाए।
रहती हमको आस, खबर क्यों नहीं पठाए।।
व्याकुल धरे न धीर, आज मन यूँ घबराए।
आए आज बसंत, पिया क्यों आज न आए।।

कोयल कूके आज, आम का मन बौराया।
फैली मादक गंध, हवा ने नशा चढ़ाया।।
टेसु फूले लाल, हुआ महुआ दीवाना।
विरहन तड़पे खूब, काश हो उनका आना।।

कर सोलह श्रृंगार, आज वह राह निहारे।
भूले मुझको आज, मुदितमन प्रीतम प्यारे।।
दिल में उठती प्यास, उसे अब कौन बुझाए।
तिल-तिल जलती देह, पिया किसने भरमाए।।

आधार छंद – प्रबुद्धा (विषममात्रिक)
प्रबुद्धा छंद सोरठा + सार छंद
11, 13 पदांत 12 + 16, 12 पदांत 22

शीर्षक - रंगरेज सरकार (3)

रंगरेज सरकार, चरण शरण में लीजिए।
गुरुवर आप उदार, दया दास पर भी करें।।
दया दास पर भी करें अभी, मन हो जाए पानी।
चंचलता हो दूर सदा को, छोड़े यह मनमानी।।
कह मूरख नादान अभी से, करता यह चतुराई।
ऐसा देना दंड इसे भी, आ जाए शरणाई।।

माया में दिन रैन, दौलत के पीछे पड़ा।
पैसा में सुख चैन, ढूंढ रहा मूरख यहां।।
ढूंढ रहा मूरख यहां जिसे, वो साथ नहीं जाता।
भजन वहां का दाम सभी के, काम वहां पर आता।।
रंगरेज सरकार आपकी, बनी रहे अब छाया।
टूटे सब भ्रमजाल यहां का, छूटे सारी माया।।

रंगरेज सरकार, रूह जाफरानी रंगो।
मन है बहुत गंवार, इसको चरण शरण रखो।।
इसको चरण शरण रखो सदा, करता है मनमानी।
संगत सद्गुरु की मिल जाए, होगा पानी-पानी।।
कह मूरख नादान हमें भी, ऐसा सबक सिखाना।
भुक्ति मुक्ति भी साथ अगर हो, करे न आना जाना।।

पर्यावरण संरक्षण
आधार छंद - दिगपाल (सममात्रिक)
मापनी - $$।-$।$$, $$।-$।$$
पदांत - $$

शीर्षक - पर्यावरण बचाओ (4) युग्म

पर्यावरण बचाओ, हो जिंदगी बचाना।
जल वायु धूप छाया, से दोस्ती निभाना।।
पहले उन्हें बचाओ, जल स्रोत जो तुम्हारे।
जंगल जमीन नदियाँ, तालाब हैं हमारे।।

पर्यावरण बचाओ, हो प्राण वायु पाना।
यह जिंदगी तुम्हारी, तुमको इसे बचाना।।
जो आज हो रही है, दूषित हवा तुम्हारी।
कुछ वृक्ष भी लगाओ, हो जान आज प्यारी।।

पर्यावरण बचाओ, संसार तब बचेगा।
जंगल जमीन नदियाँ, जीवन कंवल खिलेगा।।
संसार में हमारे, अस्तित्व पर निशाना।
जल व्यर्थ मत बहाओ, हो जिंदगी बचाना।।

पर्यावरण बचाओ, मंगल प्रकृति करेगी।
संताप आपके सब, वह खुद स्वयं हरेगी।।
सब जीव जंतुओं को, मिल जायगा ठिकाना।
पानी रखो हमेशा, डालो सदैव दाना।।

आधार छंद - दिगपाल छंद (सममात्रिक)
मापनी - $$।-$।$$, $$।-$।$$
पदांत - $$

शीर्षक - देखो छटा निराली

कश्मीर में प्रकृति की, देखो छटा निराली।
झीलें जहाँ चमकतीं, लगती यहाँ दिवाली।।
हैं वादियाँ नशीली, सुंदर सभी नजारे।
हैं स्वर्ग से सलोने, ये तैरते शिकारे।।

पर्वत जहाँ हिमालय, देखो छटा निराली।
ये सूर्य का निकलना, देखो प्रभात लाली।।
मौसम बड़ा सुहाना, कुछ भोर के नजारे।
कुछ शाम की छटाएँ, कुछ झील के किनारे।।

कश्मीर वादियों की, देखो छटा निराली।
अखरोट की कतारें, देखो चिनार काली।।
हैं चीड़ वृक्ष सुंदर, बादाम के नजारे।
वादीं लगें सुहानी, चश्में हैं गर्म सारे।।

केशर यहाँ मिलेगा, देखो छटा निराली।
यह स्वर्ग है हमारा, हम हैं यहाँ सुमाली।।
सब ओढ़ते लबादा, ठंडी बहुत यहाँ है।
ऐसी छटा निराली, इस विश्व में कहाँ है।।

आधार छंद - दिगपाल (सममात्रिक)
मापनी - $$।-$।$$, $$।-$।$$
पदांत - $$

शीर्षक - मुझ दीन के सहारे (2) युग्म

तुम हौसला जगाओ, बैठो न तुम किनारे।
भव पार भी न होंगे, मुझ दीन के सहारे।।
कितने सुयोग्य माँझी, मँझधार में खड़े हैं।
हैं सब विवेक वाले, हमसे सभी बड़े हैं।।

तुमको अगर यहाँ से, भव सिंधु पार जाना।
तब नाम की कमाई, होगी तुम्हें जुटाना।।
बिन नाम के भजन बिन, तुमने न जीव तारे।
कुछ भी नहीं मिलेगा, मुझ दीन के सहारे।।

यह जिंदगी तुम्हारी, रिश्ता सदा निभाना।
संगत बुरी वहाँ की, हमको न भूल जाना।।
यह माँ न बच सकेगी, है आपके सहारे।
दुनियाँ बड़ी बुरी है, करती बुरे इशारे।।

माँ बाप से तुम्हारा, रिश्ता सदा निभाना।
रहना नहीं किसी को, कोई नहीं ठिकाना।।
यह स्वाँस जो मिली है, कब छोड़ कर चलेगी।
कोई नहीं भरोसा, किस रूप में मिलेगी।।

आधार छंद – विधाता (सममात्रिक)

मात्रा – 28

मापनी – |$$$-|$$$, |$$$-|$$$

पदांत – $$

शीर्षक – सनातन

हमारा देश दुनियाँ में, हमें है जान से प्यारा।
अखिल ब्रह्मांड में सबसे, अलग यह देश है न्यारा।।
यहाँ की भूमि पावन है, तिलक इसका लगाते हैं।
यहाँ ऋषि और मुनियों का, सभी आशीष पाते हैं।।

हमारा सत्य से नाता, सनातन हिंदु हम सारे।
नहीं जीता कभी कोई, किसी से हम नहीं हारे।।
रहेगी देश की मिट्टी, सदा जयहिंद का नारा।
हमारी जिंदगी इससे, हमें है जान से प्यारा।।

गाकर मुझे भी देखिए, मैं प्रेरणा का गीत हूँ।
स्वर लहरियाँ गूँजे अभी, मैं ही तुम्हारी जीत हूँ।।
तुम बाँसुरी बनकर बजो, मैं रागिनी पर तान दूँ।।
स्वर साधना चलती रहे, नित-नित नए संज्ञान दूँ।।

मुझको पढ़ो हे साथियो, मैं प्रेरणा का गीत हूँ।
मैं जिंदगी हूँ मधुमयी, मैं ही सनातन प्रीत हूँ।।
मैं प्रेम का इक पत्र हूँ, खोलो पढ़ो मुझको कभी।
मैं प्रेम की रस धार हूँ, डूबो नहीं देखो अभी।।

विधा – गीत
आधार छंद – सारछंद
यति 16ः12
मात्रा – 28
पदांत – दो गुरु आवश्यक

शीर्षक -हर्षित आज तिरंगा

आज़ादी का उत्सव आया, हर्षित आज तिरंगा।
अमर रहे यह देश हमारा, जब तक पावन गंगा।।
जब तक सूरज चाँद सितारे, धरा गगन है चंगा।
तब तक लहर-लहर लहराए, विजयी विश्व तिरंगा।।

हरे रंग से हरियाली है, खुश है धरती माता।
केसरिया है आज हिंद का, मंगल भाग्य विधाता।।
श्वेत रंग है शांति प्रदाता, चक्र रोकता दंगा।
आज़ादी का उत्सव आया, हर्षित आज तिरंगा।।

अगणित बलिदानों से आयी, यह अपनी आज़ादी।
अलख जगाया बलिदानों ने, काम कर गई खादी।।
दुश्मन की चालों ने डाले, वर्षों खूब अड़ंगा।
आज़ादी का उत्सव आया, हर्षित आज तिरंगा।।

अब खदेड़ देंगे गोरों को, सबने शस्त्र उठाये।
आज़ादी के दीवानों के, तब अच्छे दिन आये।।
भगतसिंह रानी झाँसी ने, लिया जानकर पंगा।
आज़ादी का उत्सव आया, हर्षित आज तिरंगा।।

आधार छंद – आल्हा/वीर छंद (सममात्रिक)
मात्रा – 31, यति – 16, 15, पदांत – $।

शीर्षक - गौरी झूले सावन झूला

गौरी झूले सावन झूला, गौरा के सँग बैठ महेश।
कार्तिकेय हैं अपनी धुनमें, खुश होते हैं खूब गणेश।।
नंदी बाबा नाच रहे हैं, सुना रहे डमरू की तान।
देव देखते हैं ऊपर से, शिव का करते हैं जयगान।।

गौरी झूले सावन झूला, शिव के साथ सभी परिवार।
मिलन देखने शिव गौरी का, आये हैं सारे अवतार।।
पुष्प वृष्टि करते हैं नभ से, ब्रह्मा विष्णु इंद्र भगवान।
सबको देख बड़े खुश होते, शिवभोले के भक्त महान।।

गौरी झूले सावन झूला, झूला झुला रहे भगवान।
भोले बाबा मिचकी मारें, हरियाली का तना वितान।।
रिमझिम-रिमझिम बारिश होती, चारों तरफ भरा मैदान।
मोर पपीहा दादुर बोलें, झींगुर देते अपनी तान।।

गौरी झूले सावन झूला, सखियाँ गावें राग मल्हार।
वसुधा खुश है आये बादल, करने को सोलह श्रृंगार।।
भोले के जयकारे लगते, काँवड़िया करते जय घोष।
गंगा जल लेकर जाते हैं, हो जाता मन में संतोष।।

आधार छंद – आल्हा/वीर छंद (सममात्रिक)
मात्रा – 31

शीर्षक – आहुति (3) युग्म

आहुति देता है प्राणों की, अपना सैनिक वीर महान।
इसी हौसले से बनती है, अपने भारत की पहचान।।

भारत माँ की रक्षा करने, यौवन कर अपना बलिदान।
याद रखेगा इतिहासों में, तुझको पूरा हिंदुस्तान।।
भारत माँ है वीर प्रसूता, जनती वीर सपूत महान।
इसी हौसले से बनती है, अपने भारत की पहचान।।

मातृ भूमि की रक्षा करने, जीवन कर अपना बलिदान।
हे भारत के वीर सिपाही, तुझसे है भारत की शान।।
सीना ताने तूफ़ानों में, करता जन गण मन का गान।
इसी हौसले से बनती है, अपने भारत की पहचान।।

आज अमर हैं कितने सैनिक, दे देकर अपना बलिदान।
उनकी गौरव गाथा गाता, अपना प्यारा हिंदुस्तान।।
दिखा गए जो अपना साहस, करके भारत का जयगान।
इसी हौसले से बनती है, अपने भारत की पहचान।।

प्राणों की आहुतियाँ देकर, हो जाते कितने बलिदान।
उनके ऊपर न्यौछावर है, दुनियाँ का सारा सम्मान।
देख हौसला दुश्मन डरता, सदा खड़ा रहता बलवान।
इसी हौसले से बनती है, अपने भारत की पहचान।।

आधार छंद -आल्हा/वीर छंद (सममात्रिक)

मात्रा - 31 पदांत - $।

यति - 16, 15

शीर्षक -रानी लक्ष्मी बाई

रानी झाँसी ने सीखी थी, खेल खेल में ही तलवार।
घोड़ों को दौड़ाती थी जब, घोड़ा करता हाहाकार।।
तीरंदाजी ऐसे करती, जैसे हों अर्जुन के बाण।
बड़े शूरमा घबड़ाते थे, दुश्मन माँगे उनसे त्राण।।

बाँध पीठ पर आज पुत्र को, दे दी गोरों को ललकार।
कूंद गई खाई के नीचे, घोड़े पर लेकर तलवार।।
लक्ष्मी बाई बनी सिंघनी, करने लगी वार पर वार।
रण चंडी बन टूट पड़ी जब, दुश्मन करता हाहाकार।।

आज़ादी के दीवानों ने, मन में ऐसी ठानी ठान।
आज भगा देंगें गोरों को, जाए चाहे अपनी जान।।
लक्ष्मी बाई ने ललकारा, होने लगा विकट संग्राम।
घोड़ा थककर चूर हो गया, करली खुद जीवन की शाम।।

झाँसी अखिल विश्व में छाई, ऐसी बनी निराली शान।
मर्दानी बनकर के आई, बनी वीरता की पहचान।।
चिंगारी फैली भारत में, निकले घर से सीना तान।
अमर हो गई लक्ष्मी बाई, अमर हुआ उसका बलिदान।।

विधा - गीत
आधार छंद - ताटंक छंद
मात्रा - 30
यति 16, 14
पदांत - मगण ($$$)

शीर्षक - सबको गले लगायेंगे (2) अंतरे

भारत की इस परंपरा को, आगे सभी बढ़ायेंगे।
मिल जुल कर हम सभी रहेंगे, सबको गले लगायेंगे।।
हिंसा नफरत पत्थर बाजी, काम नहीं अब आयेंगे।
साथ रहोगे जो संकट में, देश विदेश घुमायेंगे।।

रंग बिरंगे फूल सभी हम, माली एक हमारा है।
पावन पुण्य धरा यह भारत, हमें प्राण से प्यारा है।।
इसकी माटी में हम खेले, इसका मान बढ़ाएंगे।
मिल जुल कर हम सभी रहेंगे, सबको गले लगायेंगे।।

इस मिट्टी में बदन कसा है, इस मिट्टी में खेले हैं।
इस मिट्टी का तिलक लगाकर, कितने संकट झेले हैं।।
प्राणों का बलिदान करेंगे, जन्म यहां फिर पायेंगे।
मिल जुल कर हम सभी रहेंगे, सबको गले लगायेंगे।।

ज्ञान पताका लेकर हम सब, ऐसी अलख जगायेंगे।
विश्व पटल पर मान प्रतिष्ठा, की परचम लहरायेंगे।।
पुनः प्रतिष्ठित होगा भारत, ऐसा गौरव पायेंगे।
मिल जुल कर हम सभी रहेंगे, सबको गले लगायेंगे।।

मदिरा सवैया
भगण ×7 + 2 गुरु वर्ण
211, 211, 211, 211, 211, 211, 211, 2

शीर्षक - बरसात

आज घिरी घन घोर घटा, घन श्याम अधीर दिखाय रहे।
तेज हुई बरसात दिखात, किसान उपाय कराय रहे।।
आज बड़े दल झींगुर के, सब दादुर यूँ टर्राय रहे।
आज बड़ी चमकत बिजुरी, सब बादल घर घर्राय रहे।।

कीट पतंग बड़े सगरे, कवि कोविद गीत सुनाय रहे।
तेज हुई बरसात असाढ़ की, सावन में तरसाय रहे।।
आज चले घन श्याम सखा, सब ताल सुताल दिखाय रहे।
गीत सुगीत सभी अपने, मन मोहन श्याम सुनाय रहे।।

सावन बीत रहा मन भावन सावन आग लगाय गए।
बादल गरजत है बिजुरी मन भावन को डर पाय गए।।
दादुर झींगुर बोल निकालत कोयल कूक मचाय गए।
साजन आज लगे मन भावन पावन प्रीत निभाय गए।।

श्याम मिलो अब आन हमें मन पावन प्रीत लगाय रहे।
आय नहीं बृजराज अभी तक गोपिन झुंड बुलाय रहे।।
गाय रमाय रहीं बृज की जन जीवन रीत निभाय रहे।
साजन आन मिलो अब तो तन आग लगाय-बुझाय रहे।।

विधा - समवार्णिक
आधार छंद - मत्तगयंद सवैया
गणावली - 7 भगण + गग
अंकावली - S।।-S।।-S।।-S।।-S।।-S।।-S।।-SS
पदांत - ।SS

शीर्षक - अभियान (2) युग्म

आज अभी अभियान चलाकर पेड़ यहाँ हर व्यक्ति लगाए।
पावन भारत भूमि बने अब बाग बहार खिले सुख पाए।।
ताप घटे जग जीव बचे नव वृंद विहंग धरा पर छाए।
जीवन में हर ओर सजे यह वीर धरा फिर से मुस्काए।।

वृक्ष कटे फिर ताप बढ़ा तब जीवन में दुख के दिन आए।
चैन नहीं मिलता सब ओर लगे गरमी तन ताप बढ़ाए।।
जीव दुखी पर जीव दुखी हर जीव दुखी यह कौन बताए।
वृक्ष लगें अभियान चला तब देश समाज सभी सुख पाए।।

आज सभी घर आँगन में हर ओर कहीं कुछ पौध लगाएँ।
गाजर पालक कंद सभी धनियाँ मिरची कुछ फूल उगाएँ।।
स्वस्थ रहें हम मस्त रहें कुछ काम करें मन को समझाएँ।
पास पड़ौस सभी जन को यह नेक उपाय सभी बतलाएँ।।

विधा - गीत
आधार छंद - मत्त सवैया/ राधेश्यामी
मात्रा - 32=2+12+2, 2+12+2=32
पदांत - एक गुरु ($) अनिवार्य

शीर्षक - मन भज ले तू राम रमैया (4) अंतरे

मन राम रमैया भज ले तू, माया में क्यों भटकाता है।
स्वारथ के रिश्ते नाते हैं, झूठा इस जग का नाता है।।

मतलब की है दुनिया सारी, मतलब से प्रेम बनाती है।
स्वारथ रग-रग में रचा बसा, स्वारथ से मिलने आती है।।
इस दुनिया में भाई अपना, स्वारथ का नीर बहाता है।
स्वारथ के रिश्ते नाते हैं, झूठा इस जग का नाता है।।

जब हम विपदा में होते हैं, उस वक्त लोग कट जाते हैं।
संकट में अपने निज भाई, जब हिस्सों में बट जाते हैं।।
इन रिश्तों से संसार दुखी, पर जिसे निभाना आता है।
स्वारथ के रिश्ते नाते हैं, झूठा इस जग का नाता है।।

मन राम रमैया भज ले तू, इसमें जीवन का सार छुपा।
दोनों स्वांसों के हृदय मध्य, जीवन का पालनहार छुपा।।
मनको अंतर्मुख करने की, जब विधि गुरुवर से पाता है।
स्वारथ के रिश्ते नाते हैं, झूठा इस जग का नाता है।।

विधा - समवार्णिक
आधार छंद - मत्तगयंद/मालती सवैया
गणावली - 7 भगण + गग
अंकावली - S।।-S।।-S।।-S।।-S।।-S।।-S।।-SS
पदांत - ।SS

शीर्षक - ढोलक (2) युग्म

दीप जले मन मोहक सुंदर द्वार सुमंगल चौक पुराए।
चौदह वर्ष बिता करके प्रभु राम अजेय अभी घर आए।।
मोद हुआ सबके मन में प्रभु राम सिया पर द्रव्य लुटाए।
दीप जले घर बाहर मंदिर श्री सरजू पर दान कराए।।

द्वार सजे मन मोहक भव्य सुदिव्य बनी छवि मंगल प्यारी।
मंगल-मंगल बाज रही पुरजोर पखावज ढोलक तारी।।
ताल मृदंग बजावत हैं सब नाच रहे नर और सुनारी।
आज तुरंग गयंद सजे सब लोग पतंग उड़ावत भारी।।

धेनु कुरंग उमंग दिखावत मत्त गयंद लगावत फेरी।
लोग दिखावत मत्स्य सुभोर बजावत भाट सुपावन भेरी।।
शीतल छाँव मतंग बिखेरत धीर समीर सुगंध उकेरी।
मौसम है मन भावन आज सुहावन खूब लगी वनचेरी।।

आज सुगन्धित इत्र लगे प्रभु राम सुपावन मंदिर आए।
मंगल तोरण द्वार सजे प्रभु आज सुमंगल वेष बनाए।।
मंत्र उचार रहे विद्वान सुगंधित द्रव्य अनेक मँगाए।
चंदन फूल अनेक प्रकार गली घर द्वार सुदीप जलाए।।

दुर्मिल सवैया/श्रीपद सवैया
सगण ×8=24 वर्ण
गणावलीः - सलगा सगण 112 × 8
अंकावलीः - 112112112112112112112
पदांत 112

शीर्षक - जीवन

यह जीव दुखी मत हो अपने मनसे प्रभु नाम सदा जपना।
मन सार असार नहीं समझे प्रभु नाम बिना सब है सपना।।
इस जीवन की बगिया महके तुलसी पर दीप सदा रखना।
मन को जब पावन भाव मिलें सत संगति की रज को चखना।।

अपने रहते यह ध्यान रहे इस जीवन में कुछ नाम करें।
कुछ काल जयी रचना लिख दें नव काव्य विधा पर काम करें।।
रस छंद लिखें नव वंद लिखें कुछ शब्द गढ़ें हर शाम करें।
दिल में अपने जब भाव जगे तब देर सवेर विराम करें।।

जय विघ्न विनाशक मंगल शासक देव उपासक बास करें।
करदो मन पावन हो प्रभु आवन नृत्य लुभावन खास करें।।
करनी सुख दायक हो सब लायक देव विनायक आस करें।
जय हो जग पावन हे मन भावन विघ्न हरो अरदास करें।।

चलते-चलते यह काम करो गुरुदेव रहें अब चिंतन में।
इस जीवन में कुछ काम करें सब साधक याद करें मन में।।
इस जीवन का निर्माण करें कुछ लक्ष्य रखें अपने जन में।
यह याद रहे कुछ सिद्ध करें इक कालजयी इस जीवन में

मत्तगयंद सवैया

गणावली – 7 भगण + गग

अंकावली – $||-$||-$||-$||-$||-$||-$||-$$

पदांत – $$

शीर्षक - राम

वंदन है अभिनंदन है सब सुंदर स्वागत द्वार सजाओ।
तोरण द्वार सजे नगरी सब आकर मोद सुमंगल गाओ।।
वंदनवार लगे सरयू तट आकर मंगल चौक पुराओ।
इत्र सुगंध लगा घर बाहर रंग अनेक ध्वजा फहराओ।।

आज अभी सब संत महंत गुरूजन पंडित बेगि बुलाओ।
सुंदर चंग भपंग मृदंग नवीन पखावज साज बजाओ।।
चौक लिखो अब मोतिन के गजरा अब रंग विरंग मगाओ।
आज खुशी मनमें सबके प्रभुराम यहाँ सरयू तट आओ।।

मंदिर में सब साज सजे अब फूल सुबेल सुगंध लगाओ।
देव गणेश महाशिव को यह सुंदर भव्य सुदिव्य दिखाओ।।
वेद सुविज्ञ महामुनि पंडित देव गुरू सबको बुलवाओ।
मात सुमात सभी परिवार सखा सब सेवक पास बिठाओ।।

राम प्रवेश करें निज मंदिर मंत्र उचार सुमंगल गाओ।
राज करें अब राम सिया हनुमान सभी पर फूल चढ़ाओ।।
रामलला हनुमान सुशेष सभी जन को शुभ पाग बंधाओ।
भारत के नर नार सभी मिल आज सुपावन साज बजाओ।।

विधा - समवार्णिक

आधार छंद - महाभुजंगप्रयात/ बाती सवैया

गणावली - 8 यगण

अंकावली- ।SS- ।SS- ।SS- ।SS- ।SS- ।SS- ।SS- ।SS

पदांत - ।SS

शीर्षक - विधात्री (3) युग्म

कृपा आपकी माँ हमेशा रही है, करूं आरती माँ तुम्हीं को मनाऊं।
सदा आप ही हो हमारी विधात्री तुम्हें पुष्प माला हमेशा चढ़ाऊं।।
तुम्हीं मात मेरी तुम्हीं हो भवानी तुम्हारी पताका सजाके लगाऊं।
बजें शंख घंटा नगाड़े भवानी तुम्हें गीत गाके कहां से सुनाऊं।।

नमो दक्ष कन्या मधु कैट हंत्री सदा सर्वदा मात कैसे रिझाऊं।
भवानी महाकाल काली कराली तुम्हीं अग्नि ज्वाला कहां ठौर पाऊं।।
तुम्हीं वैष्णवी हो तुम्हीं चंद्र घंटा तुम्हीं चित्तरूपा तुम्हें क्या छिपाऊं।
सती साध मेरी करो आज पूरी तुम्हें शांभवी पान मेवा चढ़ाऊं।।

जया मुक्त केशी मनो बुद्धि दाता तुम्हीं भद्र काली हमारा सहारा।
सदा सुंदरी शैलपुत्री हमारी करो सर्वरक्षा दिखा दो नजारा।।
नमो चंडिके हे जयंती शिवानी सदा सर्वदा ख्याल रखना हमारा।
सदा सच्चिदानंद हो आप माता तुम्हें दास ने तो हमेशा पुकारा।।

विधा - समवार्णिक
आधार छंद - दुर्मिल/श्रीपद सवैया
गणावली - 8 सगण
अंकावली - ।।S- ।।S- ।।S- ।।S- ।।S- ।।S- ।।S- ।।S
पदांत - 112

शीर्षक - नैन मिले जग देखन को

यह नैन मिले जग देखन को इनसे जग को मन में भर लो।
यह जन्म मिला उपकार करो भवसागर से अपने तर लो।।
सब जीव उसी पर आश्रित हैं इनको हर संकट से हर लो।
कुछ कामकरो इस मानवके पर मानवता अबभी करलो।।

इस जीवन के सब शौक करो पर संकट में सहयोग करो।
अपने मन में सब कष्ट सहो पर मानव का दुर्योग हरो।।
असहाय गरीब मिले उसकी हर पीर हरो कुछ जेब भरो।
अनमोल मिला यह जीवन है इस जीवन में भवपार तरो।।

प्रभु नाम जपो सतकाम करो व्यवहार रखो अपने मनका।
हर ताप मिटे इस जीवन के उद्धार करो अपने तनका।।
सतमार्ग चलो यह ध्यान रखो लगता इस जीवनमें ठनका।
यह शोर न हो कमजोर न हो हम ख्याल रखे अपने जनका।।

आधार छंद - परिमल पंचपदी
विधान - प्रति पंक्ति क्रमशः 3, 6, 9, 12, 15 वर्ण

शीर्षक - आयुध, अंजान, अतुल्य, औजार

आयुध।
की रखना सुध।।
इसे नहीं किसी को दोगी।
है रख रखाव में लापरवाही,
सावधानी हमेशा अभी वरतनी होगी।।

अंजान।
रहते हैं लोग।
बेकार करते हैं भोग।।
समय कभी किसी का नहीं होता,
रखना ही पड़ता हम सबको संज्ञान।।

अतुल्य।
रहे धन राशि,
रहता लोगों का बाहुल्य।
ध्यान साधना पथ पर चलके,
मुमुक्षु सदैव ही रहता है बहुमूल्य।।

औजार।
आधार कृषि का,
इसके बिना नहीं कुछ।
सारी मशीनरी रहती निर्भर,
ज्ञान विज्ञान दोनों से चलता है जीवन।।

आधार छंद - परिमल पंचपदी
विधान - प्रति पंक्ति क्रमशः 3, 6, 9, 12, 15 वर्ण

शीर्षक - अंकित, कुंदन, दोहन, चिंतन (4) युग्म

अंकित।
मन से शंकित।।
हरदम ही भटकाव।
मन रहता उनका आंदोलित,
छेड़ते हैं बच्चे तो खूब पकड़ते ताव।।

कुंदन।
सबसे महँगा।
बनते हैं साड़ी लहँगा।।
बनारस चंदेरी की कारीगरी,
कपड़ों में जब खिल उठता है चंदन।

दोहन।
प्रकृति का किया,
जागो गिरधर मोहन।
ताप बढ़ा है अभी धरती पर,
झुलसा जाता सबका तन मन रोहन।।

चिंतन
बैठें ध्यान करें,
हर पहलू पर सोचें।
बीत रहा यह अपना जीवन,
कब तक होगा हममें ये अपनापन।।

आधार छंद - परिमल पंचपदी
विधान - प्रति पंक्ति क्रमशः 3, 6, 9, 12, 15 वर्ण

ये गर्मी, बेचैनी, विजय, उद्वेग (4) युग्म

ये गर्मी।
संकट में कर्मी।।
पंछी को पानी छाँव नहीं।
भीषण जल संकट आज कल,
हरे भरे वृक्ष हों कहीं ऐसा गांव कहीं।।

बेचैनी।
घर में है ताला।
कमाने गए हैं अंबाला।।
शहर से लौटे नहीं परिजन,
अभी पड़ी है जमीन जायजाद पुश्तैनी।।

विजय।
तभी मिलती है,
हो आपके पास विनय।
पीढ़ी दर पीढ़ी सुकर्मों की खेती,
तब बनता है एक शांतिमय निलय।।

उद्वेग
मन का आवेश,
हृदय का क्रोध व जोश।
हमेशा वो परिणाम नहीं देते,
जिसकी मनुष्य खुद अपेक्षा करता है।।

आधार छंद - परिमल पंचपदी
विधान - प्रति पंक्ति क्रमशः 3, 6, 9, 12, 15 वर्ण

नशीली, नश्वर, नियति, नादान (4) युग्म

नशीली।
आँखें हैं कटीली।।
देह से है नव यौवना।
है पंछीली चंचला प्रतिभावान,
लावण्यमयी है सौंदर्य की अतिरंजना।।

नश्वर।
हमारा शरीर।
जन्म मृत्यु देती है पीर।।
मुमुक्षु बनकर जान ले ज्ञान,
स्वासें चलाती हमारी चेतना है अंदर।।

नियति।
हमारी रक्षक,
रखें विषयों से विरति।
करना था परमात्मा का भजन,
माया में उलझे हुए संसार में निरति।।

नादान
रहे जीवन से,
यह चेतन शाश्वत था।
इसमें प्रभु का दर्शन करते,
किंतु अफसोस कि खाली हाथ चल पड़े।।

आधार छंद - परिमल पंचपदी (वार्णिक)
विधान - प्रति पंक्ति क्रमशः 3, 6, 9, 12, 15 वर्ण

जिज्ञासा, तरंग, आधार, संज्ञान (4) युग्म

जिज्ञासा।
जीवन पिपासा।।
सबकी मंगल कामना।
प्राणियों में श्रद्धा विश्व का कल्याण,
भारत सनातन सत्य की यही भावना।।

तरंग।
मन में उठती।
हमारे अंदर घुटती।।
मन उड़ता पतंग की तरह,
हर एक के जीवन में रहती उमंग।।

आधार।
जीवन का यही,
मिलता रहे ये आहार।
सबको चाहिए जिंदगी में उसे,
तभी चलता यह व्यवहार वा संसार।।

संज्ञान
चेतन शक्ति का
जो हृदय में धड़कती।
जिस पर खड़ा हमारा भवन
बिना नींव अनुपम अदभुत शाश्वत।

आधार छंद - माधवी लता (नवीन)
कुल वृत्त संख्या - 68, 719, 476, 736
परिचय - विषम वार्णिक
गणावली - मसन, नभरतजभ, रजर
अंकावली - SSS-।।S-।।।, ।।।-S।।-S।S
SS।-।S।-S।।, S।S-।S।-S।S
पदांत - S।S

शीर्षक - आभारी नित राम प्रभु (5) युग्म

आभारी नित राम प्रभु, सहज मंगल प्रार्थना।
हो विश्व अजेय भारत, है यही विशेष कामना।।

मेरा जीवन हो सहज, प्रवल हो हर याचना।
हो दिव्य सुदीर्घ जीवन, जिंदगी सदैव साधना।।

दैदीप्य मन हो सरल, सहज सुंदर गेह हो।
सामान्य सदैव साधन, जिंदगी अभीष्ट नेह हो।।

मेरे राम तुम्हें नमन, सकल लोक सुपावना।
संसार सदैव मंगल, राम की उदात्त भावना।

मीठे बेर खिला सहज, नमन है प्रभु आपको।
हे राम कृपालु होकर, मेटते सदा संताप को।।

आधार छंद - माधवी लता (नवीन)

कुल वृत्त संख्या - 68, 719, 476, 736

परिचय - विषम वार्णिक

गणावली - मसन, नभर

तजभ, रजर

अंकावली - SSS- ।।S- ।।।, ।।।-S ।।-S ।S

SS ।- ।S ।-S ।।, S ।S- ।S ।-S ।S

पदांत - S ।S

शीर्षक - विचारवान हो (5) युग्म

हे हेरंब तुम्हें नमन, अब सदा यशगान हो।
हो जीवन श्रेष्ठ पावन, आदमी विचारवान हो।।

देवा है तुमको नमन, नमन वंदन शारदे।
हे अंब सुकर्म में मन, साधना हमें विचार दे।।

हो संसार सदा मगन, चरण धूलि मिले हमें।
ये शुद्ध विचार लेकर, बाँटते दिखें सभी तुम्हें।।

दाता हैं सबसे सरल, प्रभु हमें अपनाइए।
देवत्व प्रदान हो अब, शारदे हमें जगाइए।।

आवारा मन हो सहज, सरल जीवन दीजिए।
नादान सुदान दो अब, शारदे सुजान कीजिए।।

आधार छंद - माधवी लता (नवीन)

कुल वृत्त संख्या - 68, 719, 476, 736

परिचय - विषम वार्णिक

गणावली - मसन, नभर, तजभ, रजर

अंकावली - SSS-।।S-।।।, ।।।-S।।-S।S

SS।-।S।-S।।, S।S-।S।-S।S

पदांत - S।S

शीर्षक - दिव्य ज्ञान पुंज राम हैं (5) युग्म

वैदेही तुमको नमन, शरण श्री पति नाम है।
आनंदित हैं सदा हम, दिव्य ज्ञान पुंज राम है।।

संस्कारी अपना वतन, भजन की कर साधना।
श्री राम सदैव जीवन, जिंदगी सुधार भावना।।

उल्लासी मन हैं सकल, भज रहे नित नाम हैं।
श्री राम सदा सनातन, धर्म के सदैव धाम हैं।।

मेरे राम तुम्हें नमन, नमन है परि वेश को।
हे राम सदा सदा जय, मानिए सदा स्वदेश को।।

जाना है सबको वतन, सरल जीवन छोड़ के।
ये दिव्य सप्रेम जीवन, साधना सुपंथ मोड़ के।।

आधार छंद - माधवी लता (नवीन)

कुल वृत्त संख्या - 68, 719, 476, 736

परिचय - विषम वार्णिक

गणावली - मसन, नभर, तजभ, रजर

अंकावली - SSS- I IS- I I I, I I I-S I I-S IS

SS I- IS I-S I I, S IS- IS I-S IS

पदांत - S IS

शीर्षक - मेरे रामलला (5) युग्म

मेरे राम लला नमन, शरण हूँ अब आपकी।
हे देव सदैव हो जय, राम नाम के प्रताप की।।

आँखें हैं सबकी सजल, जगत पालन हार हो।
हे सूर्य प्रताप श्री युत, राम जी सप्रेम धार हो।।

मेरे मालिक के नयन, सजल हैं जय घोष हो।
वो हैं करुणा दया अब, आपको सदैव तोष हो।।

दीनानाथ अनाथ हम, जगत की यह प्रार्थना।
दो नाथ हमें सनातन, ब्रह्म ज्ञान की उपासना।।

हे लक्ष्मी पति हे करुण, नयन दो अब साधना।
ये सत्य विधान देकर, बाँटते रहो उपासना।।

आधार छंद - सुंदरा समवार्णिक

परिचय - नव प्रस्तारित, द्वादशाक्षरावृत्ति

गणसूत्र- जयमम

अंकावली- ।S ।- ।SS-SSS-SSS

शीर्षक - कभी मत रोना (2) युग्म

कभी मत रोना झूठे सम्मानों को ।
करें अनदेखा लोगों के तानों को ।।
सदा रहना बेचारों लाचारों में ।
नहीं मिलती पीड़ा यूँ बाजारों में ।।

कभी अपनों से तूने धोखा खाया ।
कभी मन हारा सीधे रस्ते आया ।।
नहीं अपना कोई भी झूठे सारे ।
सदा इनसे देखो ब्रह्मा भी हारे ।।

कभी मन में झाँकोगे यूँ आओगे ।
इसी घट में सच्चा साथी पाओगे ।।
वही सबकी स्वाँसों को देने वाला ।
सभी उसके हो कोई गोरा-काला ।।

विधा-विषम मात्रिक छंद
मात्रा 144 (13, 11) + (16, 8)
कुल मात्रा - 144
पदांत-चौकल (22, 211, 112, 1111)

शीर्षक - परछाई (3) युग्म

परछाई से दूर हो, कस के रखो लगोट।
घूमो फिर संसार में, रहे न दिल में खोट।।
रहे न दिल में खोट हमेशा, दौड़ो भागो।
माया से रह दूर भोर में, उठकर जागो।।
कह मूरख नादान सभी हैं, माता बहना।
करिए उन्हें प्रणाम हमारा, यह है कहना।।

परछाई जो पड़ गई, अंधा बना भुजंग।
उनकी गति कैसे कहें, नित नारी के संग।।
नित नारी के संग रहें जो, मन से भोगी।
उसका क्या कल्याण भले वो, रहे निरोगी।।
कह मूरख नादान यही है, बंधन भाई।
मन पावन रख मूर्ख पढ़े जब भी, परछाई।।

माया को ठगनी समझ, रे मूरख नादान।
परछाई से दूर रह, कहते संत सुजान।।
कहते संत सुजान करेगी, छल अठखेली।
जीवन का जंजाल बनेगी, खूब सहेली।।
कह मूरख नादान छूटना, जब यह काया।
करिए यह विश्वास हमारी, कब है माया।।

विधा - विषम मात्रिक छंद

आधार छंद - नीलाम्बुज (नवीन)

कुल मात्रा - 144

पदांत - चौकल (22, 211, 112, 1111)

शीर्षक - नमन महालय (2) युग्म

नमन महालय आपको, दिया छंद का ज्ञान।
गुरुवर ने कर दी कृपा, वरना थे अंजान।।
वरना थे अंजान हमें यह, ज्ञान कराए।
हम थे पूरे ऊंट श्रृंग के, नीचे आए।।
कह मूरख नादान ज्ञान का, है यह आलय।
शत-शत बार प्रणाम हमेशा, नमन महालय।।

कविता लेखन और है, विधि संमत कुछ और।
नमन महालय आपको, दिया छंद का ठौर।।
दिया छंद का ठौर ज्ञान का, मिला सहारा।
पाया छंद विधान हुआ है, घट उजियारा।।
कह मूरख नादान बहा दी, अविरल सरिता।
हम हैं छंद प्रवीण लिखेंगे, सुंदर कविता।।

नमन महालय आपको, प्रथम पूज्य प्रथमेश।
माँ शारद ने दे दिया, गुरुवर का संदेश।।
गुरुवर का संदेश छंद में, निपुण बनाया।
मुदित हुआ मन आज हमेंभी, मधुमय पाया।।
कह मूरख नादान छंद का, पाया आलय।
मिले सभी जन श्रेष्ठ सभीको, नमन महालय।।

गुरुवार – (नव प्रस्तारित छंद)

विधाः –कर्मठ सममात्रिक दण्डक

प्रति पंक्ति – 33 मात्रा

यति – 12-12-9

पदांत – यगण122

विषय - दिल ने पुकारा (3 युग्म)

तन को आराम नहीं, आओ तुम जहाँ कहीं, दिल ने पुकारा।
याद करूँ घड़ी-घड़ी, बेचैनी बहुत बड़ी, देखूँ किनारा।।
नींद नहीं आती है, रात हमें खाती है, अब दो सहारा।।
साथी अब कौन यहाँ, खोजो तुम यहाँ वहाँ, कोई हमारा।।

सनन-सनन हवा चले, चिंता में प्रेम पले, झूठी दिलाशा।
बाहर है तमस घना, मन में संग्राम ठना, हरदम हताशा।।
मौका दिन चार मिला, सहस्त्र दल कमल खिला, जीवन बताशा।
धन साथ नहीं जाए, मौत निकट अब आए, झूठा तमाशा।।

बच्चों को दे जाता, हमको जो मिल जाता, घर भी सुहाना।
तू श्रम से भी डरता, क्षण-क्षण पै क्यों मरता, करता बहाना।।
पढ़ना है श्रम पथ पर, सबसे ऊपर उठकर, आगे जमाना।।
साथ नहीं कुछ जाता, कर्मों से ही पाता, थोड़ा कमाना।।

गुरुवार - (नव प्रस्तारित छंद)
विधाः -कर्मठ सममात्रिक दण्डक
प्रति पंक्ति - 33 मात्रा
यति - 12-12-9
पदांत - यगण122

विषय - ये कैसा है बंधन (3 युग्म)

ये कैसा है बंधन, बोझिल रहता तन मन, झूठा सहारा।
बैठा वह और कहीं, खोज करे जहाँ नहीं, चाहे किनारा।।
रोम-रोम स्पंदित है, पूज्य वही वंदित है, जग में पसारा।
पात्र बड़ा प्रेमिल है, दिल उसका कोमल है, सबको सँभारा।।

ये कैसा है बंधन, हरदम कोई उलझन, कैसा तमाशा।
सुख-दुख सहे हजारों, गई अवस्था चारों, पाई हताशा।।
नहीं रहा कोई भी, कभी हँसे रोये भी, पानी बताशा।
खोजो अब अंतर्मन, मिल जाए जीवन धन, छोड़ो निराशा।।

ये कैसा है बंधन, वश में नहीं रहे मन, मारे उछालें।
वश में करना है अब, सत्य मार्ग जाता कब, भरता कुचालें।।
अंतस में खोजो तुम, लहराता है परचम, जलती मशालें।
स्वाँसें वही चलाता, तुमको सदा खिलाता, उसको मनालें।

कर्मठ सममात्रिक दण्डक

प्रति पंक्ति – 33 मात्रा

यति – 12-12-9

पदांत – यगण 122

शीर्षक - राम अवध के प्यारे

राम अवध के प्यारे, जन-जन राज दुलारे, सबको लुभाते।
मंदिर शोभा न्यारी, लगती सबको प्यारी, खुशियाँ लुटाते।।
करे प्रजा जय कारा, देते खूब सहारा, वादा निभाते।
खुश होते रघुराई, मानो निधि यह पाई, सपने सुहाते।।

जग मंगल को आए, त्यागी भेष बनाए, कुटिया बनाते।
मन से हैं वैरागी, दर्श करें बड़ भागी, जग को लुभाते।।
संतों को प्रिय लागे, राक्षस बड़े अभागे, सबको सताते।
चित्रकूट में जाते, पुष्प देखकर लाते, भक्त सुख पाते।।

प्यारे हैं वनबासी, मिटती देख उदासी, पथ को सजाते।
घर आयें प्रभु मेरे, सुंदर दिव्य चितेरे, मन को लुभाते।।
कण-कण है मुस्काता, प्रभु पदरज को पाता, वादा निभाते।
राक्षस को संहारे, दुष्ट जनों को मारे, सबको बचाते।

सावी (अर्ध सममात्रिक छंद)
सावी अर्ध सममात्रिक छंद चार चरण युक्त
कुल 24 मात्राओं पर लिखा जाता हैं।
इसके विषम चरणों पर 11, समचरणों पर 13 मात्रा होती है।
विषम चरणों के आदि में लघु अनिवार्य होता है।
सम चरणों के पदांत पर समतुकांत (S।) गाल आवश्यक है।
मापनी- 122-222, 2222-221
पदांत- 21

शीर्षक - गर्मी

यहाँ भीषण गर्मी, जीना दुष्कर है आज।
करेंगे कैसे अब, घर के सारे हम काज।।

सभी आकुल होते, गर्मी से बारा बाट।
पड़े हैं दुश्मन भी, जीव सभी अब घर घाट।।

नहीं पानी मिलता, चिड़ियाँ हैं सब बेहाल।
पड़ी सूनी सड़कें, गर्मी ने पकड़ी चाल।।

नहीं दिखती छाया, काटे क्यों सारे वृक्ष।
मरो अब गर्मी से, उल्टा करने में दक्ष।।

कभी निकलो घर से, सरपर कपड़े को डाल।
पिओ ठंडा पानी, जब बिगड़ेंगे सुर ताल।।

सावी अर्ध सममात्रिक छंद

चार चरण युक्त कुल 24 मात्राओं पर लिखा जाता हैं। विषम चरणों पर 11 मात्रा एवं सम चरणों पर 13 मात्रा विषम चरणों के आदि में लघु अनिवार्य होता है। सम चरणों के पदांत पर समतुकांत (S।) गाल आवश्यक है।

मापनी- 122-222, 2222-221

यति 11, 13

पदांत- 21

शीर्षक - होली सृजन

चलो खेलें होली, बरसाने में है धूम।
बजायें साज सभी, नाचें गायेंगे झूम।।

सभी आए ग्वाले, गोपी हैं सब मासूम।
मची बरसाने में, क्या आज नहीं मालूम।।

लगाते गालों पर, ये रंग गुलाल अबीर।
नहीं माने कोई, आए हैं आज अहीर।।

सभी के हाथों में, पिचकारी सारे रंग।
गुलाबी पीले हैं, खाकर आए हैं भंग।।

चलाते लट्टु यहाँ, रस मय होती है आज।
गले मिलते सारे, ब्रज बासी साज समाज।।

साधारण दंडक 2/- मुक्तक
त्रेता दण्डक – (27 वर्ण)
गणावली – 13 लग + ल (जरजरजरजरज)
यति – 14, 13
अं-12-12-12-12-12-12-12-, 12-1 2-12-12-12-12-1

शीर्षक - नये विचार

विवेकवान चाहिए अनेक आदमी,
सुपंथ को गढ़ें लिखें नये विचार।
नवीन भाव भंगिमा रचे विधान को,
सदैव ही करें यहाँ नया शिकार।।

करो नवीन साधना विचार हो सदा,
अनंत मार्ग खोलते करें विहार।
यशश्वनी तपश्वनी प्रवाहमान भी,
अनंत कामना तजें मनो विकार।।

सुहासिनी विलासिनी पयोधिनी रमा,
प्रमोदनी विनोदनी तुम्हीं महान।
प्रकाशवान तेज से उजास हो सदा,
करें सभी गुणानुवाद गान- तान।।

गढ़ें सदा महान लक्ष्य मंजिलें मिलें,
अखंड जाप हो बनें विचार वान।
सुपंथ को गढ़ें सभी महान देवता,
अनेक मार्ग खोजते रहें सुजान।।

साधारण दंडक 2/- मुक्तक
त्रेता दण्डक - (27 वर्ण)
गणावली - 13 लग + ल (जरजरजरजरजरज)
यति - 14, 13
अं-12-12-12-12-12-12-12-, 12-1 2-12-12-12-12-1

शीर्षक - प्रशांत

नवीन प्रेरणा मिले सही हमें दिशा,
रखें सदैव दिव्यता रहें प्रशांत।
रचें अनेक छंद के विधान की विधा,
लिखें अनंत काल के लिए सुखांत।।

अनेक शब्द खोजना पड़ें यहाँ हमें,
सदैव ही नए-नए रखें तुकांत।
रचें सदा विधान के लिए सुदीर्घता,
अनेक बार देखिए वही वृतांत।।

लगे रहो करो सदैव कारवाँ खड़ा,
प्रयोग हों नए करो सुगीत गान।
निखार दे सँभार दे अनेक शब्द को,
सुभाषिनी सुहासिनी दया निधान।।

विवेक बुद्धि दीजिए हमें सुस्वामिनी,
रचें अनेक छंद के नए विधान।
प्रणाम लीजिए सदैव दास का निधे,
रहें सदैव छाँव में बनें सुजान।।

आधार छंद - मयूरशिखा अर्ध सममात्रिक
यति - 14, 13
परिचय - चार चरण 54 मात्रा
मापनी - SSS-SSS-S, SS ।S-S । ।S
पदांत - सगण (। ।S)

शीर्षक - हर ओर छाई खुशियाँ (5 युग्म)

आया शुभ दिन मंदिर का, हर ओर छाई खुशियाँ।
वंदनवारे द्वार सजे, सुंदर सजी हैं गलियाँ।।

रंगोली के चौक पुरे, सरजू सजी सुंदर है।
जगमग जगमग दीप जले, लगता हमारा घर है।।

नक्काशी इस मंदिर की, अद्भुत कला सागर है।
सालों में तैयार हुआ, भगवत कृपा आगर है।।

दिव्य सुगंधित परिसर है, मन को सुपावन करता।
रघुवर दर्शन करने से, अघ कष्ट सबके हरता।।

विश्व पटल पर चर्चा है, दुश्मन किए कान खड़े।
उनको उत्तर मिलना था, जो राम की राह अड़े।।

आधार छंद – (वत्स सममात्रिक दण्डक)

कुल मात्रा – 50 मात्रा

यति – 15, 12, 10, 13

पदांत – दीर्घ लघु

आदि लघु (त्रिकल), चार चरण समतुकांत

शीर्षक – ठुमक ठुमक चलते राम (2) युग्म

अवध में खेलत रघुराई, खेलें चारों भाई,
घर खुशियाँ छाई, तुमक-तुमक चलते राम।
सजे हैं सुंदर अति प्यारे, लगा रहे जयकारे,
भीड़ खड़ी द्वारे, लजा रहे हैं रति काम।।

वही भरते हैं किलकारी, अतिशय शोभा भारी,
जब मात दुलारी, जपते सब जिनका नाम।
नवल सुंदर लटकन सोहे, सबका ही मन मोहे,
लिखे खूब दोहे, हुई सुबह से फिर शाम।।

नमन सूर्य वंशी प्रणेता, सनातन के प्रचेता,
संतो के नेता, सदा तुम्हारा सम्मान।
चरण सुंदर जिनके ध्याते, संत महात्मा गाते,
फिर भोग लगाते, सदा खड़े हैं हनुमान।।

जगत में सबके हितकारी, मुख की शोभा भारी,
रखना तैयारी, करना सभी आह्वान।
अरुण मुख मंडल है पाया, इसी ब्रह्म को गाया,
जग मंगल आया, करें जब अप्सरा गान।।

आधार छंद – (वत्स सममात्रिक दण्डक)
कुल मात्रा – 50 मात्रा
यति – 15, 12, 10, 13
पदांत – दीर्घ लघु
आदि लघु (त्रिकल), चार चरण समतुकांत

शीर्षक - प्रेम विरह का ही नाम (2) युग्म

समर्पण कर देता अपना, पूरा होता सपना,
प्रेम पात्र जपना, प्रेम विरह का ही नाम।
सभी मन के अंतर भावों, मिले क्रोध से घावों,
किए आज दावों, सभी प्रेम है निष्काम।।

रहे बासना मुक्त प्रीती, संयम से मन जीती,
अहंकार रीती, दया प्रेम से आराम।
लगे प्रियतम मन से प्यारा, देगा साथ हमारा,
मन आवारा, सुबह से हो गई शाम।।

नयन सुंदर लगते प्यारे, हम यौवन से हारे,
आप हो हमारे, करना तुम से है प्रीत।
सजाओ घर सुंदर अपना, लगे सदा ही सपना,
राम-कृष्ण जपना, यही है हमारी रीत।।

महामोहक है छवि प्यारी, मृगनयनी बलिहारी,
सबको सुख कारी, बाजे है अनहद गीत।
लगे प्रेममय शब्द वाणी, कभी बने रुद्राणी,
सबकी कल्याणी, सुखद सुंदर मिले मीत।।

विधा - अर्ध समवार्णिक छंद
आधार छंद - सूर्यकांत (नवीन)
परिचय - चारो चरण मिलाकर 34 वर्ण
कुल वृत्त संख्या - 1, 31, 072
गणावली - भतगग, सरज
अंकावली - 211-221-22, 112-212-121
पदांत - 121

शीर्षक - अनुरागी (5) युग्म

समीक्षक राजश्री शर्मा, गीता विश्वकर्मा',
आ.पद्माक्षि शुक्ल 'अक्षि'

हे अनुरागी हमारी, सुधि लेना तुम्हें प्रणाम।
जीवन में नित्य लेंगे, प्रभु का दिव्य राम नाम।।

हे बनवारी कृपा हो, अब देना हमें विवेक।
जीवन में हों हमारे, अपने मित्र भी अनेक।।

पूजन भी आज होगा, रखना दिव्यता सुयोग।
ये अपनी जिंदगी है, रखना है तुम्हें निरोग।।

दीपक की जिंदगी तो, जल के दे रहा उजास।
मानव को भी हमेशा, करना है सदा प्रयास।।

हे जग आराध्य श्री जी, अपनी हो कृपा महान।
मानव की जिंदगी में, वर दे दो बने सुजान।।

विधा - अर्ध समवार्णिक छंद
आधार छंद - सूर्यकांत (नवीन)
परिचय - चारो चरण मिलाकर 34 वर्ण
कुल वृत्त संख्या - 1, 31, 072
गणावली - भतगग, सरज
अंकावली - 211-221-22, 112-212-121
पदांत - 121

शीर्षक - हुलास (5) युग्म

है शुभ दीपावली आज दिलों में भरा हुलास।
दीपक तो जिंदगी में भरता आपकी उजास।।

दूर अमा का हुआ है तम आया अभी प्रकाश।
दीप जले हैं हमारे घर में हो नहीं निराश।।

हो अपनी जिंदगी में जब भी कष्ट या अभाव।
जीत हुई सत्यता की जब देखा वहाँ प्रभाव।।

राम सिया जू हमारी गहरी प्रीत है अथाह।
राम यहाँ धीरता हैं उसका तेज है प्रवाह।।

दिव्य दिए जिंदगी में भरते हैं सदा उजास।
मंदिर में राजते हैं अपने राम जी सुबास।।

आधार छंद - मुक्ता (नवीन)

परिचय - कुल मात्रा (176)

योग - वासंती + कर्ण

मुक्ता (विषम मात्रिक छंद)

वासंती छंद - (अर्ध सममात्रिक छंद)

यति - (15, 13), पदांत -S।, चार चरण, दो पंक्ति + कर्ण

(सममात्रिक छंद)

यति - (13, 17) पदांत - SS, चार पंक्ति,

शीर्षक - पतित पावनी गंगा (2) युग्म

पतित पावनी गंगा नमन, करती जग का कल्याण।
सदा हरती पाप हमारे, देती हो मंगल त्राण।।
देती हो मंगल त्राण, जीव जगत पावन सदा होता।
तेरी पावन जल धार, आदमी खूब लगाता गोता।।
कह मूरख नादान अब, हमारा खूब हुआ मन चंगा।
पाप हरो हे माँ आज, हमारे पतित पावनी गंगा।।

पतित पावनी गंगा तुम्हें, आज नवाऊँगा शीश।
शिव भोले भंडारी आज, खुश होंगे अब जगदीश।।
खुश होंगे अब जगदीश, हमारा भी शुभ मंगल होगा।
पावन तट पर मैं बैठ, करूंगा बड़े भोर से योगा।।
कह मूरख नादान अब, आए न कोई कभी अड़ंगा।
जीवन निकले शांति से, दया हो पतित पावनी गंगा।।

नव प्रस्तारित छंद

विधाः - भवानी छंद

भवानी - अर्धसममात्रिक नवीन

कुल - 50 मात्रा

यति - 13, 12

पदांत - 22बी

मापनी - 222-22-21, 222-222

शीर्षक - तुलसी पूजन

तुलसी पूजन है आज, सबके देव उठेंगे।
तुलसी श्री शालिग राम, आज विवाह करेंगे।।

विष्णु प्रिया उनका नाम, सबके घर रहती है।
औषधि का है गुण खूब, पावन मुख करती है।।

वैष्णव रखते ब्रत आज, तुलसी पूजा करते।
करते मंगल सब काज, पाप सभी के हरते।।

तुलसी दल नित्य प्रसाद, सब में डाला जाता।
जग जाते उसके भाग, जो भी मुख में पाता।।

चरणामृत करते पान, तुलसी दल भी पाते।
पंचामृत में भी डाल, घर- घर आज लगाते।।

विधाः - भवानी छंद

नव प्रस्तारित छंद

भवानी - अर्धसममात्रिक नवीन

कुल - 50 मात्रा

यति - 13, 12

पदांत - 22

मापनी - 222-22-21, 222-222

शीर्षक - मेला /मड़ई

मेला मड़ई का आज, उत्सव है बनवासी।
जन जाति सभी हैं लोग, भीड़ लगी है खासी।।

झूला चकरी के खेल, युवकों में उत्साही।
मंदिर पर देखो भीड़, मानुष आवाजाही।।

खेल रहे युवक बाल, मेले में फैले हैं।
युवती का सुंदर नाच, मन कितने मैले हैं।।

संस्कृतियाँ रीत रिवाज, जीवन का मेला है।
मानव का ये दुष्कृत्य, मानव ने झेला है।।

मेला मड़ई का एक, हिस्सा है जीवन का।
पार नहीं पारावार, मानव के इस मन का।।

विधा-अर्ध सममात्रिक छंद

आधार छंद - यज्ञ

यति 13, 15

कुल मात्रा - 56

पदांत -नगण (111)

प्रथम चरण 13 पदांत (1लघु अनिवार्य)

शीर्षक - सफल (3) युग्म

सफल हुए हैं रघुवीर, सागर करते हैं जब गमन।
बाँध दिया है पुल एक, वानर सेना सब को नमन।।
चरण रखे जब रघुवीर, हर्षित हैं जो आए शरण।
होता है जब जय घोष, करते हैं सारे अनुकरण।।

जय-जय जय-जय श्रीराम, करते हैं हम शुभआगमन।
लंका तट पहुँचे आज, चारों ओर है शांति अमन।।
घबराया अब लंकेश, वनबासी को देंगे सबक।
अभिमानी है मति मंद, यूँ शुरु हो गया स्तबक।।

करता है खूब विचार, चिंतन में वह डूबा मगन।
करके जो सागर पार, लंका तट पर यूँ आगमन।।
अब होगा युद्ध विशाल, सोच रहा है बैठा गहन।
जब तक जाकर हनुमान, कर देते हैं लंका दहन।।

दिग्पाल छंद
मापनी 221 2122, 221 2122

शीर्षक - श्री राम जी हमारा उद्धार करने आए

संसार के खिवैया भव पार करने आए।
श्री राम जी हमारा उद्धार करने आए।।

मंगल कलश सजे थे श्री राम जी के द्वारे।
अद्भुत प्रकाश देखा जब राम जी पधारे।।
झरने लगीं थीं आँखें दीदार करने आए।
श्री राम जी हमारा उद्धार करने आए।।1।।

संतो की टोलियों के दुर्लभ रहे नजारे।
भक्तों के झुंड सारे संसार से पधारे।।
भक्तों के भाव को खुद साकार करने आए।
श्री राम जी हमारा उद्धार करने आए।।2।।

सालों से थी प्रतीक्षा मंदिर बने न्यारा।
लगता प्रभु ने हमको इस बात से उबारा।।
हनुमान जी सभी का सत्कार करने आए।
श्री राम जी हमारा उद्धार करने आए।।3।।

अपने ही वंश में जब उत्सव विशाल देखा।
नादान खिंच गई थी मधु हास्य की सुरेखा।।
मौसम हुआ सुहाना जब सूर्य मुस्कुराए।
श्री राम जी हमारा उद्धार करने आए।।4।।

आधार छंद - यज्ञ

यति 13, 15

कुल मात्रा - 56

प्रथम चरण 13 पदांत (1लघु अनिवार्य)

पदांत - नगण (111)

शीर्षक - जीवन है संग्राम (3) युग्म

यह जीवन है संग्राम, इस पर करिएगा कुछ मनन।
सबके बन जाते काम, करना पड़ता है कुछ जतन।।
यह जीवन के हैं द्वंद, विपदाओं में जाता निखर।
किए नहीं जो संघर्ष, जाता उसका जीवन बिखर।।

अनुपम सी है यह देह, बातों में मत जाना उलझ।
इसमें है प्रभु का नाम, जपता वह जिसको है समझ।।
है यह विचित्र संसार, इसकी लीला होती अजब।
चाहो जाना भव पार, अपने घट में देखो गजब।।

करे सदा जो योग यह, सभी रोग होते हैं शमन।
गुरु की हो कृपा सदैव, मिट जाता है आवागमन।।
क्यों रे मूरख नादान, करले अब थोड़ा सा भजन।
सुन ले मुरली की तान, प्रियतम दर्शन का यजन।।

आधार छंद - मिताली
दैशिक 10 मात्रा/ वर्ग भेद 89
मापनी - 212-122
पदांत - 2

शीर्षक - नैन तो मिलाओ (2 युग्म)

आज पास आओ, प्रेम गीत गाओ।
रागनी सुनाओ, नैन तो मिलाओ।।
सादगी तुम्हारी, कामना हमारी।
दिव्य भाव प्यारा, ये वचन हमारा।।

जिंदगी गुजारो, आप तो पधारो।
भाव में सरलता, प्रेम में तरलता।।
प्यार से मिलेंगे, साथ में चलेंगे।
त्याग दो उदासी, आज रात खासी।।

हम विवेक धारी, कामना हमारी।
बात एक मानो, काम धाम जानो।।
भाव दिव्य मेरा, घर सदैव तेरा।
प्रेम ये तुम्हारा, त्याग है हमारा।।

आधार छंद - मिताली
मापनी - 212-122
पदांत - 2

शीर्षक - दिव्य साधना हो (2 युग्म)

शुद्ध भावना हो, दिव्य साधना हो।
मन जरा टटोलें, फिर कभी न बोलें।।
ज्ञान मय पिपासा, छंद मय दिलासा।
हम नमन करेंगे, भाव अब भरेंगे।।

योग को सिखाओ, ज्ञान को बढ़ाओ।
ब्रह्म तत्व अपना, नित्य नाम जपना।।
निज स्वरूप जानो, एक भाव मानो।
प्रेम जब बढ़ेगा, छंद को गढ़ेगा।।

बात सच कहेंगे, अब यहीं रहेंगे।
भाव जब भरेंगे, सब नमन करेंगे।।
साध्य की सुगमता, भाव पूर्ण ममता।
प्रेम जब मिलेगा, भाव तब खिलेगा।।

मत करो किनारा, लो नमन हमारा।
दुंदुभी बजाओ, नाद अब जगाओ।।
भावना गढ़ेंगे, नित्य ही पढ़ेंगे।
अब यहाँ तुम्हारा, कौन अब हमारा।।

आधार छंद - शक्ति /संज्वर सममात्रिक
लक्षण- मापनी मुक्त
परिचय - पौराणिक वर्ग भेद (4091)
मापनी -।SS-।SS-।SS-।S
पदांत - ।S, ।।।

शीर्षक - किनारा मिलेगा रहो साथ तुम (3 युग्म)

किनारा मिलेगा रहो साथ तुम।
सदा शांत बैठो कटेगा भरम।।
तुम्हें लक्ष्य की है जरूरत अभी।
यहाँ काम बाकी पड़े हैं सभी।।

करो काव्य लालित्य की साधना।
सभी की गजानन सुने प्रार्थना।।
हमें शारदे की कृपा प्राप्त हो।
हमारा हृदय प्रेम में आप्त हो।।

लिखें ब्रह्ममय शब्द की व्यंजना।
करें प्रेम सबसे न अतिरंजना।।
बहुत से विषय हैं यहाँ अनछुए।
सकल जीव धारी उसी के हुए।।

आधार छंद - शक्ति /संज्वर सममात्रिक
लक्षण- मापनी मुक्त
परिचय - पौराणिक वर्ग भेद (4091)
मापनी -।SS-।SS-।SS-।S
पदांत - ।S, ।।।

शीर्षक - नहीं दूर जाना हमारी कसम (3 युग्म)

बड़ा ही खतरनाक मौसम सनम।
नहीं दूर जाना हमारी कसम।।
गिरी है बड़ी तेज बारिश यहाँ।
कहीं आज ओले गिरे हैं वहाँ।।

कड़कती रही आज बिजली अभी।
हमारे पड़ोसी डरे हैं सभी।।
हुआ आज मौसम सुहाना कहीं।
मुझे छोड़ के दूर जाना नहीं।।

गरजते हुए घन डराते हमें।
कसम है हमारी अभी भी तुम्हें।।
गिरे पेड़ भारी अभी हैं वहाँ।
हमें छोड़ के दूर जाना कहाँ।।

आधार छंद - शक्ति /संज्वर सममात्रिक
लक्षण- मापनी मुक्त
परिचय - पौराणिक वर्ग भेद (4091)
मापनी -।SS-।SS-।SS-।S
पदांत - ।S, ।।।

शीर्षक - भला सर्व का हो करें प्रार्थना (3 युग्म)

भला सर्व का हो करें प्रार्थना।
यही वंदना है यही अर्चना।।
हमारा भला आज होगा अभी।
सकल जीव का दुख हरोगे तभी।।

बुरे काम करता बुरा आदमी।
यही एक उसमें बड़ी है कमी।।
सदा सर्वका आप मंगल करो।
खुशी जीव की जिंदगी में भरो।।

भलाई हमारा करेगी भला।
भले आदमी हो सदा मन चला।।
सदा ईश से एक ही याचना।
यही सब करें देव से कामना।।

आधार छंद - रास छंद सममात्रिक

लक्षण- मापनी मुक्त

परिचय - महारौद्र वर्ग भेद (28, 657)

यति - 8, 8, 6

पदांत - ।।S (सगण)

शीर्षक - फागुन बीता

फागुन बीता, परम पुनीता, रंग उड़े।
प्रेम रंग में, प्रिया संग में, नेह जुड़े।।
चंदन मँहका, केसर बहका, भंग घुली।
गाल गुलाबी, चाल शराबी, बात खुली।।

चैत्र महीना, पानी पीना, खुद भरके।
मुश्किल जीना, बहे पसीना, कुछ करके।।
नव रात्रि अभी, नव वर्ष सभी, सब अपने।
झोली भरना, पूरे करना, सब सपने।।

वैशाखी अब, नौमी है कब, उत्सव है।
परिवर्तन का, युग नर्तन का, उद्भव है।।
संसार सुखी, है चतुर्मुखी, शुभ करनी।
ऋषुपति आए, सदगति पाए, खुश धरनी।।

आधार छंद - रास छंद सममात्रिक
लक्षण- मापनी मुक्त
परिचय - महारौद्र वर्ग भेद (28, 657)
यति - 8, 8, 6
पदांत - ।।S (सगण)

शीर्षक - बिठिया बोली

बिटिया बोली, खेलें होली, मिल करके।
दो पिचकारी, आज हमारी, रँग भरके।।
नीले पीले, कपड़े गीले, मुँह काला।
बच्चे किलके, सबने मिलके, रँग डाला।।

छोड़ो अनबन, रँग दो तन-मन, सब मिलके।
खेलो होली, करो ठिठोली, मिल जुल के।।
प्रेम मिलाई, सबको भाई, जी भर के।
बच्चे बोले, सभी बतोले, हरि-हर के।।

सारे बच्चे, मन के सच्चे, घर आए।
गुजिया पपड़ी, सबने पकड़ी, फिर खाए।।
बात बनाते, गप्प लगाते, घर निकले।
मम्मी बोली, हुई ठिठोली, कुछ लिखले।।

आधार छंद – रास छंद सममात्रिक
लक्षण– मापनी मुक्त (22 मात्रा)
परिचय – महारौद्र वर्ग भेद (28, 657)
यति – 8, 8, 6
पदांत – ।।S (सगण)

शीर्षक - लट बलखाती

लट बलखाती, नैन झुकाती, जब अपने।
मन मुसुकाती, आती जाती, लख सपने।।
चली हवाएँ, राग सुनाएँ, यौवन का।
प्रेम लूटाएँ, मंत्र बताएँ, जीवन का।।

प्रेमिल वाणी, जग कल्याणी, पर पहरा।
मंगल दाता, देख विधाता, तम गहरा।।
रूप सुहाना, जग बेगाना, मन चहके।
काम पिपासा, व्यर्थ निराशा, यश महके।।

जग के अंदर, प्रेमिल सुंदर, बात करो।
मन बौराया, सुंदर काया, रोग हरो।।
अपना जीवन, कर लो पावन, आज अभी।
बनो निरोगी, जग में योगी, दिव्य सभी।।

आधार छंद - गीतिका छंद सममात्रिक
यति -14, 12
परिचय - महाभागवात 26 मात्रा -वर्ग भेद (196, 418)
मापनी - 2122-2122, 2122- 212
पदांत - 12

शीर्षक - प्रात की बेला सुहानी

प्रात की बेला सुहानी, ध्यान में लग जाइए।
चक्र षट अपने जगा कर, ब्रह्म दर्शन पाइए।।
ज्योति इक जलती निरंतर, दिव्य अनुपम ओज ले।
स्वाँस अपनी जो चलाता, उस पिता को खोज ले।।

जो हृदय के मध्य रहती, जान ले उस शक्ति को।
जो विचारों का प्रदाता, कर उसी की भक्ति को।।
नित्य चेतन प्राण सबको, दे रहा हर स्वाँस में।
प्रेम श्रृद्धा भाव शामिल, जीव के विश्वास में।।

तत्व से हम जान सकते, जो हमारा इष्ट है।
दर्द सबके वह मिटाता, मन जनित जो कष्ट है।।
मर्म इसका वह बताते, जान अंतस साधना।
गुरु कृपा से मन हमारा, कर रहा आराधना।।

आधार छंद - गीतिका छंद सममात्रिक
यति -14, 12
परिचय - महाभागवात 26 मात्रा -वर्ग भेद (196, 418)
मापनी 2122-2122, 2122-212
पदांत - 12

शीर्षक - शब्द की जादूगरी है

शब्द की जादूगरी है, शब्द है इक साधना।
शब्द को समझा नहीं तो, हो गई आराधना।।
शब्द उठता नाभि से है, द्वार दशवाँ खोलता।
शब्द को ही प्राण समझो, शब्द घट में डोलता।।

शब्द सबकी जीवनी है, शब्द चेतन राम है।
शब्द जो निकला हृदय से, जीव की फिर शाम है।।
शब्द ने धारण किया है, ब्रह्म को संसार को।
शब्द देता है हृदय में, चेतना आधार को।।

यह गगन धरती हमारी, शब्द से ब्रह्मांड है।
शब्द जब तक देह में है, रोज सुंदर काण्ड है।।
चक्र सारे भेद करके, स्वाँस चलती आज भी।
क्रम निरंतर चल रहा है, हो रहे सब काज भी।।

जान ले इस शब्द को तू, भेद गुरु से जान ले।
देख चेतन ब्रह्म घट में, आत्म को पहचान ले।।
शब्द ही है सार जग का, शब्द से चेतन सभी।
शब्द की जादूगरी है, जान ले इसको अभी।।

शाम्भवी (विषम मात्रिक छंद)

शाम्भवी= संघनित + मुक्तामणि

यह नवीन विषम मात्रिक षष्ठपदी कुल 148 मात्रा का छंद है। यह दो छंदों का योग है। इसके प्रारंभ में एक संघनित छंद (11, 13 पदांत - 212) दो पंक्ति के तत्पश्चात मुक्तामणि छंद (13, 12 पदांत - 22) की 4 पंक्तियाँ होती है।

मापनी - 1212-122, 1212-2212

यति -11, 13, पदांत - 212

शीर्षक - जीत

खुशी मिले हमें तब, पता नहीं हो जीत का।
कहीं कभी हमें भी, पिया मिले उस प्रीत का।।

पिया मिले उस प्रीत का, आज लगे कुछ पाया।
जीत हमारी हो गई, उसने आज निभाया।।

साजन की यह सादगी, अपने मन को भाए।
प्रेम हमारा कम नहीं, आज कहीं भी जाए।।

मन में उमड़ा प्यार है, किससे कहता बातें।
चैन गया अब नींद भी, जागूँ सारी रातें।।

आज पिया परदेश में, रुक-रुक याद सताती।
मन में हलचल है सदा, जब कब आती जाती।।

शाम्भवी (विषम मात्रिक छंद)

शाम्भवी= संघनित + मुक्तामणि

यह नवीन विषम मात्रिक षष्ठपदी कुल 148 मात्रा का छंद है। यह दो छंदों का योग है। इसके प्रारंभ में एक संघनित छंद (11, 13 पदांत - 212) दो पंक्ति के तत्पश्चात मुक्तामणि छंद (13, 12 पदांत - 22) की 4 पंक्तियाँ होती है। स्मरण रहे कि संघनित छंद का चौथा चरण मुक्तामणि छंद की पहली पंक्ति होगी

संघनित (अर्ध सममात्रिक)

मापनी - 1212-122, 1212-2212

यति -11, 13, पदांत - 212

शीर्षक - भवानी

विवेक ज्ञान ऊर्जा, मुझे भवानी दीजिए।
अनंत प्रेम अपना, सुदास पर ही कीजिए।।
सुदास पर ही कीजिए, हे कल्याणी माता।
जगजननी हे शाम्भवी, तुम हो जीवन दाता।।
हे अम्बे गौरी सदा, तुम जग की कल्याणी।
चरणों में रहता सदा, जगती का हर प्राणी।

अनंत ज्ञान अपना, मुझे भवानी दीजिए।
चरण कमल पखारूँ, मुझे शरण में लीजिए।।
मुझे शरण में लीजिए, हे करुणामय माता।
आदि शक्ति जगदंबिका, तुम वरदान प्रदाता।।
जीव सभी हैं आपके, जगदम्बा महारानी।
ज्ञान विवेकी हों सभी, देना दिव्य निशानी।।

आधार छंद - रुचिरा सममात्रिक मापनी मुक्त

यति -14, 16

परिचय - महातैथिक 30 मात्रा

वर्ग भेद - (13, 46, 269)

पदांत - एक गुरु आवश्यक

शीर्षक - आज मिला आशीष तुम्हारा

ध्यान लगा कर के देखा, जब मैंने खुद रूप निहारा।
दिव्य ज्योति घट में प्रकटी, आज मिला आशीष तुम्हारा।।
ब्रह्म ज्ञान से जान गए, इड़ा पिंगला और सुषुम्ना।
जाग गए हैं चक्र सभी, पूर्ण हुई है आज साधना।।

शब्द उठा जब मणिपुर से, ब्रह्म रंध्र तक कौन पठाए।
प्राण चले कैसे घट में, स्वाँस हमारी कौन चलाए।।
चकमक में ज्यों आग छुपी, तिल के भीतर तेल छुपाए।
बैठा है वह हर घट में, स्वाँस-स्वाँस में वही समाए।।

उस चेतन को जान गया, गुरुवर ने यह भेद बताया।
सब कुछ नश्वर है भाई, आग जले सोने सी काया।।
ब्रह्म नाद सुन मस्त हुआ, सुधा पान कर मिला सहारा।
शब्द ब्रह्म को बता दिया, आज मिला आशीष तुम्हारा।।

आधार छंद - रुचिरा सममात्रिक मापनी मुक्त
यति -14, 16
परिचय - महातैथिक 30 मात्रा
वर्ग भेद - (13, 46, 269)
पदांत - एक गुरु आवश्यक

शीर्षक - श्री सुख समृद्धि का वर दे

श्री सुख समृद्धि का वर दे, हे जग जननी अंबे माता।
रिद्धि सिद्धि लेकर माँ आ, तू ही तो है भाग्य विधाता।।
माँ करुणा की सागर हो, मैं चरणों में शीश झुकाऊँ।
हम सब बालक तेरे हैं, अंबे तेरे ही गुण गाऊँ।।

तेरे द्वार खड़े माता, खाली झोली लेकर आए।
तुम सबके भंडार भरो, हम इस जग से बहुत सताए।।
तुमको कल्याणी कहते, दीनों के दुख हरने वाली।
शैल सुता ब्रह्म चारिणी, तुम्हीं मंगला अंबे काली।।

कालरात्रि सदा भवानी, तुम्हीं कूषमांडा कहलाती।
कात्यायनी महागौरी, जगदंबा माँ हमें सुहाती।।
उमा रमा स्कंद सुमाता, तुम्हीं चंद्र घंटा ब्रह्माणी।
शब्द भाव से पूर्ण करो, हृदय विराजो हे कल्याणी।।

सर्व मंत्र मयी शाम्भवी, रत्न प्रिया हे शूल धारणी।
जाया सती साध्वी देवी, दुर्गा आर्या तुम्हीं कारिणी।।
हम सबका मंगल करने, इस जग में आई हो माता।
आदि शक्ति हे कौमारी, तुमसे बड़ा नहीं है दाता।।

आधार छंद – पद्मावती छंद
सममात्रिक मापनी मुक्त
यति – 10, 8, 14
परिचय – लाक्षणिक 32 मात्रा
वर्ग भेद – (35, 24, 578)

शीर्षक - दीप जलाओ

शुभ पर्व मनाओ, दीप जलाओ, राम जन्म में सब आना।
शुभ मंगल कारी, प्रभु अवतारी, आज राम यश को गाना।।
सब मोद मनाओ, मंगल गाओ, प्रमुदित हैं सब नर नारी।
शुभ बेला आई, बजे बधाई, फूल बरसते नभ भारी।।

सब नाच दिखाते, ढोल बजाते, देवलोक तक सुख पाए।
खुश हैं नर नारी, कर तैयारी, राम जन्म सुनके आए।।
सरयू हर्षाती, सब सुख पाती, घाट सजे लगते प्यारे।
श्री राम पधारे, संत उचारे, ब्रह्म रूप जग से न्यारे।।

गुरुवर सब ज्ञानी, यह सच जानी, संत सिद्ध गुरु बुलवाए।
विद्वान पधारे, पंडित सारे, विप्र नगर के सब आए।।
सबने शुभ जानी, की अगवानी, यथायोग्य आसन पाए।
हैं जग के कारक, ये उद्धारक, मर्यादा के गुण गाए।।

देखा मुख मंडल, मन में हलचल, राम जगत के अवतारी।
दशरथ सुख माना, प्रभु का आना, हम सबके हैं आभारी।।
जग मंगल गाए, मोद मनाए, कौशल्या के हितकारी।।
भय प्रकट कृपाला, दीन दयाला, जिनकी चितवन है प्यारी।।

आधार छंद - पद्मावती सममात्रिक मापनी मुक्त
यति - 10, 8, 14
परिचय - लाक्षणिक 32 मात्रा
वर्ग भेद - (35, 24, 578)
पदांत - दो गुरु आवश्यक

शीर्षक - मंगल गाओ

सब मोद मनाओ, मंगल गाओ, करो राम सी मर्यादा।
गुण को अपनाओ, हृदय बिठाओ, मन से करलो यह वादा।।
नित जप कर डालो, हरि को पालो, घट के भीतर उजियारा।
गुरु ज्ञान बताते, विषय हटाते, मन से मिटता अँधियारा।।

अंतर्मुख होना, कभी न सोना, करना खूब भजन वंदे।
मन का चटकारा, मानव हारा, चित्र देखता वह गंदे।।
यह रस का भोगी, बना वियोगी, ताम-झाम में है उलझा।
प्रभु रस को चाहे, बिना निवाहे, कर्म हीन मन को सुलझा।।

जग का यह दाता, पित अरु माता, जपो निरंतर मन प्यारे।
रह नाम अधारा, सभी प्रकारा, विषय भोग तुझको जारे।।
जिसने मन जीता, मधुरस पीता, नाम सभी को खुद तारे।
सब संत सयाने, घट में जाने, करें भजन जीवन हारे।।

आधार छंद - पद्मावती सममात्रिक मापनी मुक्त
यति - 10, 8, 14
परिचय - लाक्षणिक 32 मात्रा
वर्ग भेद - (35, 24, 578)
पदांत - दो गुरु आवश्यक

शीर्षक - माया में भूला

माया में भूला, मद में फूला, धन दौलत पर इठलाता।
पूरा संसारी, अत्याचारी, बार-बार मुँह की खाता।।
आया क्यों जग में, काँटे मग में, चोटिल आज हुआ जाता।
मतलब की यारी, दुनियाँ दारी, प्रभु क्यों याद नहीं आता।।

यह जीवन दुर्लभ, हम हैं हत प्रभ, घट में पड़ा अँधेरा है।
घट दीप जला ले, सीख कला ले, क्यों विषयों ने घेरा है।।
बाहर है माया, तम गुण छाया, अंतस उसकी है सत्ता।
उसकी मर्जी बिन, घटता पल छिन, हिलता आज नहीं पत्ता।।

यह सकल पसारा, जग विस्तारा, ठगनी से हमने पाया।
मानव हत भागी, प्रभु अनुरागी, चरणों में खोजे माया।।
निज रूप न जाने, वेद बखाने, ब्रह्म ज्ञान बातें करता।
गुरु धारण कर ले, नाम सुमिर ले, धन माया पर क्यों मरता।।

आधार छंद - पद्मावती छंद
सममात्रिक मापनी मुक्त
यति - 10, 8, 14
परिचय - लाक्षणिक 32 मात्रा
वर्ग भेद - (35, 24, 578)

शीर्षक - शुभ पर्व मनाओ

शुभ पर्व मनाओ, दीप जलाओ, राम जन्म में सब आना।
शुभ मंगल कारी, प्रभु अवतारी, आज राम यश को गाना।।
सब मोद मनाओ, मंगल गाओ, प्रमुदित हैं सब नर नारी।
शुभ बेला आई, बजे बधाई, फूल बरसते नभ भारी।।

सब नाच दिखाते, ढोल बजाते, देवलोक तक सुख पाए।
खुश हैं नर नारी, कर तैयारी, राम जन्म सुनके आए।।
सरयू हर्षाती, सब सुख पाती, घाट सजे लगते प्यारे।
श्री राम पधारे, संत उचारे, ब्रह्म रूप जग से न्यारे।।

गुरुवर सब ज्ञानी, यह सच जानी, संत सिद्ध गुरु बुलवाए।
विद्वान पधारे, पंडित सारे, विप्र नगर के सब आए।।
सबने शुभ जानी, की अगवानी, यथायोग्य आसन पाए।
हैं जग के कारक, ये उद्धारक, मर्यादा के गुण गाए।।

देखा मुख मंडल, मन में हलचल, राम जगत के अवतारी।
दशरथ सुख माना, प्रभु का आना, हम सबके हैं आभारी।।
जग मंगल गाए, मोद मनाए, कौशल्या के हितकारी।।
भय प्रकट कृपाला, दीन दयाला, जिनकी चितवन है प्यारी।।

आधार छंद - प्रकर्ष अर्ध सममात्रिक छंद
मापनी - 2222-222, 1212-222
यति - (14, 12)
पदांत - 2 गुरु
संदर्भित छंद ग्रंथ - प्रयाग

शीर्षक - दीपक बन जलना प्यारे (5) युग्म

दीपक बन जलना प्यारे, अभी अँधेरा भोगा।
काली रातें कितनी हों, सदा सवेरा होगा।।

नन्हें से दीपक की लौ, अभी प्रकाशित होगी।
मानव जीवन में अब से, नहीं रहोगे रोगी।।

छोटी प्यारी सी गुड़िया, निशाचरी में जाती।
इस नन्हीं दीप शिखा का, सदा सहारा पाती।।

अंधेरा है आज घना, उसे सभी मिल पाटो।
वृक्ष सदा इस जीवन में, कभी नहीं तुम काटो।।

सृष्टि हमारा जीवन है, वही हमारी दाता।
संरक्षित करना उसको, वही पिता अरु माता।।

सरसी/हरिपद/समुंदर/कबीर छंद
छंद विधान
चार चरण, दो पद
चौपाई एक चरण 16+ दोहा का सम11= 27 मात्रा
पदांत 21

शीर्षक - क्षितिज

देख मिलन की रात सुहानी, सुर्ख हो गए गाल।
जब आकाश मिला धरती से, मानो हुआ निहाल।।
सुबह लालिमा लेकर आई, नए सृजन का थाल।
नीला नीला हुआ समंदर, सूर्य शर्म से लाल।।

इधर चाँदनी खिली हुई है, शरद हवा के साथ।
चारों तरफ बर्फ की चादर, देख काँपते हाथ।।
जैसे तैसे रात कट गई, टूटा स्वप्न विशाल।
भोर हुआ सब पंछी जागे, दूर हुआ भ्रम जाल।।

कुदरत के नायाब नज़ारे, देते हमें सुकून।
कलियोंपर मुस्कान खिली है, खुश हैं सभी प्रसून।।
रंग बिरंगी तितली नाचें, भौंरे करें कमाल।
देख बसंती मौसम नाचा, माली है खुशहाल।।

सूर्य क्षितिज से झांक रहा है, अरुणिम आभा डाल।
कटी रात की निशाचरी का, जो कुछ था जंजाल।।
भोर हुई फिर सूर्य आ गया, डाल गले जयमाल।
अब नादान चमक सोने सी, देती गेहूँ बाल।।

सरसी/हरिपद/समुंदर/कबीर छंद
छंद विधान
चार चरण, दो पद
चौपाई एक चरण 16+ दोहा का सम 11= 27 मात्रा

शीर्षक - नारी तू अबला नहीं

नारी तू अबला कभी नहीं, सभी माँगते त्राण।
लड़ करके कभी यमराज से, तूने छीने प्राण।।
अब शस्त्र उठाओ अपने हित, होवे हाहाकार।
नारी की हिंसा तभी रुके, हो हाथों में हथियार।।

नारी हिंसा इक बीमारी, इसका यह उपचार।
बड़े सख्त कानून बनायें, होगा जल्द सुधार।।
शिक्षा में भी प्रावधान हो, नारी एक विचार।
जितनी शिक्षित होगी नारी, उतनी कम बेगार।।

होती जहाँ घरेलू हिंसा, वह घर है बीमार।
जड़में उसके बस अभाव है, रोजगार की मार।।
शासन सबको संसाधन दे, खुद का हो व्यापार।
कुछ प्रयास हों रोजगार के, उतरे थोड़ा भार।।

महिलाओं को आगे लायें, करें सभी वह काम।
पैसों की आवक घर में हो, झंझट मिटें तमाम।।
सख्त बने कानून न लेगा, कोई कभी दहेज।
इतने भरसे बन जायेगी, खबर सनसनी खेज।।

विधाः-धूमिका सममात्रिक गीत छंद
प्रति पंक्ति -30 मात्रा
यति - 16, 14 ।
पदांत 121 जगण
मापनी 4444, 2222-2121

शीर्षक - बरखा रानी मत तरसाओ, रिमझिम बरसाओ फुहार

बरखा रानी मत तरसाओ, रिमझिम बरसाओ फुहार।
काले-काले बादल भेजो, भेज रहा हूँ जय जुहार।।

धरती तपकर लाल हुई है, जीव सभी होते अचेत।
जन जीवन व्याकुल होता है, बादल को करना सचेत।।
हिंसक प्राणी बैर त्यागकर, करते देखे हैं गुहार।
बरखा रानी मत तरसाओ, रिमझिम बरसाओ फुहार।।1

सड़कें सूनी पड़ी हुई हैं, वीराना सा है वितान।
तुम आ जाते अगर समय पर, मिल जाता कोई निदान।।
गाछ वृक्ष सब घायल देखे, सहते हैं रोकर कुठार।
बरखा रानी मत तरसाओ, रिमझिम बरसाओ फुहार।।2

साजन हैं परदेशी आते, देख तुम्हें आता किसान।
बारिश होने के पहले ही, रख जाता घर में पिसान।।
जन जीवन की तपन बुझाओ, करता है नादाँ पुकार।
बरखा रानी मत तरसाओ, रिमझिम बरसाओ फुहार।।3

आधार छंद - गगनांगना (16, 9)
विधा - गीत
पदांत - रगण (212) अनिवार्य

शीर्षक - तुम श्रृंगार हो (3 अंतरे)

प्रियवर मेरे इस जीवन का, तुम श्रृंगार हो।
मेरी बाहों में आ जाओ, प्राणाधार हो।।

स्वप्न देखती रहती तेरे, कब हो सामना।
जब हो नाव हमारी डगमग, मुझको थामना।।
मेरी इन स्वाँसों के मालिक, तुम संसार हो।
प्रियवर मेरे इस जीवन का, तुम श्रृंगार हो।।

अब तो मौसम हुआ सुहाना, गिरे फुहार है।
रोम-रोम पुलकित होता है, इतना प्यार है।।
जिसके बिना रात जगती हूँ, वो साकार हो।
प्रियवर मेरे इस जीवन का, तुम श्रृंगार हो।।

अब घर आओ राह देखती, तेरी कामिनी।
कड़क रही है नभ में देखो, पग-पग दामिनी।।
मैं व्याकुल हूँ प्रियतम मेरे, तुम दातार हो।
प्रियवर मेरे इस जीवन का, तुम श्रृंगार हो।।

आधार छंद - गगनांगना (16, 9)

विधा - गीत

पदांत - रगण (212) अनिवार्य

शीर्षक - जग कल्याण हो (3 अंतरे)

कर्म करो तब मानवता का, जग कल्याण हो।

वर्ग भेद करने वालों का, महा प्रयाण हो।।

जाति धर्म पंथों को त्यागो, मानव मानिए।

मानव- मानव सभी एक हैं, ऐसा जानिए।।

लोक हितों की रक्षा करने, नव निर्माण हो।

वर्ग भेद करने वालों का, महा प्रयाण हो।।

कुदरत का व्यवहार एक सा, यही विधान है।

सूर्य सभी को करे प्रकाशित, यह पहचान है।।

नदी किसी की जाति न पूँछे, सबका त्राण हो।

वर्ग भेद करने वालों का, महा प्रयाण हो।।

मानवता वादी हों मानव, इस पर जोर दें।

जो समाज का दोषी होगा, दंड कठोर दें।।

जनता दया प्रेम अपनाए, तब निर्वाण हो।

वर्ग भेद करने वालों का, महा प्रयाण हो।।

आधार छंद - विष्णुपद (16, 10)
विधा - गीत, पदांत - 112

शीर्षक - योग करो मन से। (4 अंतरे)

दुनियाँ में बीमार सभी हैं, दुखी सभी तन से।
तुम निरोग रहना चाहो तो, योग करो मन से।।

उठो ब्रह्म बेला में सारे, शौच आदि करके।
बाहर मलय पवन बहती है, श्वासें लो भरके।।
निकलो सैर सपाटे पर तुम, अपने बचपन से।
तुम निरोग रहना चाहो तो, योग करो मन से।।

यह विद्या प्राचीन समय से, मिली बिरासत में।
पातांजलि ऋषि ने दी डाली, तुमको भारत में।।
इसे विश्व भर में स्वीकारा, उत्साहित जन से।
तुम निरोग रहना चाहो तो, योग करो मन से।।

आसन प्राणायाम सभी को, मुद्रा बंद मिले।
अष्टचक्र का ज्ञान मिला है, जीवन पद्म खिले।।
सबने स्वागत किया हृदयसे, तन-मन जीवन से।
तुम निरोग रहना चाहो तो, योग करो मन से।।

खुले शुषुम्ना द्वार साधना, से मन निर्मल हो।
अंतर्चक्षु खुले जब पाए, पथ यह निश्चल हो।।
जब नादान समाधी पाए, मोह भगे धन से।
तुम निरोग रहना चाहो तो, योग करो मन से।।

विधा - पदावली
आधार छंद – 16, 11 (सरसी छंद) पदांत 21

शीर्षक - कृपा करो गणराज (10 पंक्ति)

कृपा करो गणराज।
हे गजबदन पधारो घर में, करने मंगल काज।।

शुभ से लाभ कराओ देवा, बिखरा बहुत समाज।
रिश्वत ने अब जड़ें जमा लीं, आन बचाओ लाज।।

कर्णधार मदहोश पड़े हैं, डूबा सकल जहाज।
भारत वर्ष प्रतिष्ठित होवे, नहीं हमें अंदाज।।

बदल गया परिधान यहाँ का, करना हमें इलाज।
वातावरण नहीं सुखदाई, छूटा सभी लिहाज।।

पढ़ लिखकर घर बैठे बालक, करते खूब रियाज।
रोजगार पर पाबंदी है, उठी आज आवाज।।

माता पिता व्याह को तरसें, आरक्षण की गाज।
सत्ता सदा रखाए कुर्सी, जिस पर मिलना ताज।।

आधार छंद - गगनसिंधु (अर्ध सममात्रिक छंद)
परिचय - संदर्भित ग्रंथ (प्रसाद - निशा 'अतुल्य)
यति - 13, 11
मापनी - 1222-222, 222- 212
पदांत - 212

शीर्षक - कहना तो मानिए (5) युग्म

कला सीखो तो आओ, छंदों को जानिए।
सदा अपने गुरुजन का, कहना तो मानिए।।

निरंतर नव पथ खोजें, लक्ष्य सदा पाइए।
महालय की शरण गहें, स्वागत है आइए।।

हजारों ने सीखी है, छंदों की साधना।
सदा करते हैं देखो, मिलकर आराधना।।

नए छंदों की करते, हम सब नित कामना।
सभी को मिलती शिक्षा, करते हम सामना।।

समीक्षा होती प्रतिदिन, गुरुजन हैं साथ में।
शिखर तक जाना होता, साधक के हाथ में।।

आधार छंद - गोपिका

परिचय- त्रिष्टुप (एकादशाक्षरावृति) 2048

गणावली -ससरगग वार्णिक छंद

अंकावली - ||$- ||$, $|$-$$

यति - 6, 5

पदांत - 22

शीर्षक - मन चंचल है (3) युग्म

मन चंचल है, मार्ग में रोड़े। कब अंतस की, ग्रंथि को तोड़े।
मन अंतर की, साधना पाओ। अपने घट को, देखने आओ।।
भव बंधन से, मुक्त हो प्राणी। घट में रहती, नित्य कल्याणी।
जग में अपनी, साख भी देखो। कथनी करनी, एक ही लेखो।।

मन है अपना, शुद्ध संसारी। मन अंकुश है, नाम का भारी।
मनको अपनी, ओर ले जाओ। घट भीतर का, भेद भी पाओ।।
गर मानवता, जिंदगी में हो। अपनी करुणा, बंदगी में हो।
रखना सबसे, प्रेम का नाता। इतना तुमको, आज भी आता।।

हमसे अब भी, जिंदगी रूठी। मन की गति है, आज भी झूठी।
मनका सपना, याद तो होगा। अपने तन ने, नित्य ही भोगा।।
जग मंगल का, काम है तेरा। कर जीवन में, पुण्य का फेरा।
मन में करुणा, आज भी आती। इस जीवन में, साधना पाती।।

आधार छंद-सरसी/कबीर हरिपद/समुंदर
सममात्रिक छंद विधा – गीत
यति विधान (16, 11)
पदांत – गुरु लघु (21) अनिवार्य

शीर्षक- बूँदें बरसी आज (3 अंतरे)

तन मन में अब ठंडक आई, बूँदें बरसी आज।
बाहर निकले बच्चे सारे, खुश है सभी समाज।।

ताप बहुत था अब राहत है, रिमझिम पड़ी फुहार।
अब किसान का धीरज लौटा, खेत हुए गुलजार।।
बारिश बरसी बिजली कड़की, गिरी कहीं पर गाज।
बाहर निकले बच्चे सारे, खुश है सभी समाज।।

बच्चे खुश हैं नाव बनाकर, खेल रहे हैं खेल।
पानी में ही चला रहे हैं, छुक-छुक छुक-छुक रेल।।
बात-बात में हो जाते हैं, आपस में नाराज।
बाहर निकले बच्चे सारे, खुश है सभी समाज।।

घर से बाहर जाने में भी, पहना वर्षा कोट।
थोड़ा सा ही चल पाए थे, लगी पैर में चोट।।
शासन के कच्चे कामों के, खुले सभी अब राज।
बाहर निकले बच्चे सारे, खुश है सभी समाज।।

सरसी/हरिपद/समुंदर/कबीर छंद

छंद विधान

चार चरण, दो पद

चौपाई एक चरण 16+ दोहा का सम 11= 27 मात्रा

शीर्षक- नारी तू अबला नहीं

नारी को अबला मत समझो, सभी माँगते त्राण।
यम से लड़कर ले आई थी, सत्यवान के प्राण।।
शस्त्र उठाओगे कब अपने, जब हो हाहाकार।
नारी की हिंसा रोको अब, छोड़ो ये सारी रार।।

नारी हिंसा इक बीमारी, इसका यह उपचार।
बड़े सख्त कानून बनायें, होगा जल्द सुधार।।
शिक्षा में हम आगे लायें, नारी एक विचार।
जितनी शिक्षित होगी नारी, उतनी कम बेगार।।

होती जहाँ घरेलू हिंसा, वह घर है बीमार।
जड़ में उसके रोजी रोटी, रोजगार की मार।।
शासन सबको संसाधन दे, खुद का हो व्यापार।
कुछ प्रयास हों खुद से अपने, उतरे थोड़ा भार।।

महिलाओं को आगे लायें, करें सभी वह काम।
पैसों की आवक घर में हो, झंझट मिटें तमाम।।
सख्त बने कानून न लेगा, कोई कभी दहेज।
इतने भरसे बन जायेगी, खबर सनसनी खेज।।

आधार छंद-सरसी/कबीर/हरिपद/समुंदर
यति विधान (16, 11)

शीर्षक- चित्त कहाँ विश्राम (4 अंतरे)

मन उलझा झूठी माया में, चित्त कहाँ विश्राम।
स्वारथ में डूबा है ये मन, कर्म नहीं निष्काम।।

हुआ चलन में धोखा देना, झूठा कारोबार।
द्वेष घृणा की गहरी खाई, नफरत का व्यापार।।
मानव मन दूषित हैं सबके, पेट बना गोदाम।
स्वारथ में डूबा है ये मन, कर्म नहीं निष्काम।।

धन दौलत के पीछे भूला, संतों का सद्ज्ञान।
चार पुस्तकें पढ़ कहलाता, दुनियाँ में विद्वान।।
मन अशांत रहता है उसका, भोग रहा परिणाम।
स्वारथ में डूबा है ये मन, कर्म नहीं निष्काम।।

चेतन को जड़ बुद्धि न मानें, करे देह अभिमान।
इंद्रिय सुख में उलझे सारे, बड़े-बड़े विद्वान।।
ब्रह्म तत्व को कब जानोगे, घट में चारों धाम।
स्वारथ में डूबा है ये मन, कर्म नहीं निष्काम।।

इस मन को भटकाने वाला, माया का बाजार।
अविनाशी को खोज न पाया, यह सारा संसार।।
खुद मूरख नादान बना है, भूल गया हरि नाम।
स्वारथ में डूबा है ये मन, कर्म नहीं निष्काम।।

विधा - गीत
आधार छंद - सरसी/कबीर (16, 11)

शीर्षक- चलो गाँव की ओर (4 अंतरे)

जहाँ नीम पीपल की छाया, चिड़ियों का है शोर।
शहरों में अब दम घुटता है, चलो गाँव की ओर।।

बड़े भोर से मुर्गा बोले, चिड़ियाँ जुड़ें तमाम।
निकल पड़े हैं सभी प्रभाती, लेकर हरि का नाम।।
महक उठा है खुशबू से अब, धरती का हर छोर।
शहरों में अब दम घुटता है, चलो गाँव की ओर।।

बैलों की घंटी का बजना, निकला खेत किसान।
गाय रँभाती दूध लगाने, चक्की पड़ा पिसान।।
मिट्टी के बर्तन में पकता, भोजन जब चितचोर।।
शहरों में अब दम घुटता है, चलो गाँव की ओर।।

यहाँ आपसी प्रेम सभी में, आते सबके काम।
सात पाँच जब हाथ लगाते, कहते सबसे राम।।
बैठ अथाई पर होती हैं, गप्पें संजा भोर।
शहरों में अब दम घुटता है, चलो गाँव की ओर।।

सब जाते तालाब नहाने, तोड़ें खूब गदूल।
शंकर जी के मंदिर देखो, चढ़ते कितने फूल।।
हम नादान गाँव में अच्छे, खेती है पुरजोर।
शहरों में अब दम घुटता है, चलो गाँव की ओर।।

मापनी - $$।$-$$।$, $$।$-$$।$
पदांत - ।$ या $।$

शीर्षक - वह रम रहा हर स्वाँस में

वह रम रहा हर स्वाँस में, जो पालता संसार को।
गुरुदेव ने खोला हृदय, दिखला दिया साकार को।

कलिमल विषय रस में सने, हम जीव भव से पार हों।
जो शब्द दुनियाँ का जनक, उस शब्द के हकदार हों।।
करके भजन जाने सदा, हम स्वाँस के आधार को।
गुरुदेव ने खोला हृदय, दिखला दिया साकार को।।

दीपक जले बाती बिना, बिन तेल के परकाश था।
यह चंद्रमा सूरज नहीं, वह कौन सा कैलाश था।।
मणि ज्योति ने दर्शन दिए, सुनकर उसी टंकार को।
गुरुदेव ने खोला हृदय, दिखला दिया साकार को।।

अनहद सुनाया प्यार से, हर रागिनी का साज था।
जादू भरे थे शब्द वो, वह मोहिनी अंदाज था।।
हर राग जैसे मखमली, छेड़ा किसी ने तार को।
गुरुदेव ने खोला हृदय, दिखला दिया साकार को।।

अमृत हमें पिलवा दिया, जो झर रहा आकाश से।
दी खेचरी मुद्रा हमें, नादान थे अविनाश से।।
हम ब्रह्म ज्ञानी हो गए, सुन ब्रह्म की झंकार को।
गुरुदेव ने खोला हृदय, दिखला दिया साकार को।।

विधा - गीत
आधार छंद - प्रदीप (16, 13)
पदांत - राजभा (212) अनिवार्य

शीर्षक- बूँदों का त्योहार है (2 अंतरे)

सावन की रिमझिम बारिश है, बूँदों का त्योहार है।
हरियाली से सजा हुआ अब, यह सारा संसार है।।

बच्चे खेल रहे पानी में, अब कागज की नाव से।
आपस में गहरे रिश्ते हैं, कितने प्रेमिल भाव से।।
रोज फुहारों का मौसम है, भीगा यह घर द्वार है।
हरियाली से सजा हुआ अब, यह सारा संसार है।।

इंद्र धनुष की छटा निराली, सतरंगी परिधान है।
ऐसे लगता है मेघों को, आज मिला वरदान है।।
काले-काले मेघ घने हैं, बिजली की चमकार है।
हरियाली से सजा हुआ अब, यह सारा संसार है।।

ताल तलैया नदियां नाले, हुए लबालव आज से।
मरते कितने जीव खेत में, इस आकाशी गाज से।।
दादुर मीठा बोल रहे हैं, झींगुर की झंकार है।
हरियाली से सजा हुआ अब, यह सारा संसार है।।

विधा - गीत
प्रदीप छंद - सममात्रिक छंद
कुल मात्रा -29
यति -16, 13
पदांत - राजभा (212) अनिवार्य

शीर्षक- नारी का श्रृंगार है (2 अंतरे)

नारी इस दुनिया में देखो, मानव का आधार है।
मर्यादा लज्जा का गुण ही, नारी का श्रृंगार है।।

इस जग की आधार शिला वह, जननी का प्रतिरूप है।
भार्या बनकर तुम्हें सँभाले, कितनी दिव्य अनूप है।।
बहन बने तो राखी बाँधे, कुशल क्षेम उदगार है।
मर्यादा लज्जा का गुण ही, नारी का श्रृंगार है।।

बेटी बनकर सेवा करती, घर आँगन की शान है।
माँ धरती का स्वर्ग समझ ले, देती जीवन दान है।।
नारी है धरती की शोभा, हम पर यह उपकार है।
मर्यादा लज्जा का गुण ही, नारी का श्रृंगार है।।

जिस घर में सम्मान नहीं है, वह घर नर्क समान है।
रूठ गई जिस घर की नारी, वह घर फिर शमशान है।।
ईश्वर की अनुपम रचना को, करिए अंगीकार है।
मर्यादा लज्जा का गुण ही, नारी का श्रृंगार है।।

विधा - गीत
आधार छंद - वीर/आल्हा (16, 15)
पदांत - दीर्घ लघु (21) अनिवार्य

शीर्षक - चमक उठी तलवार (3 अंतरे)

रानी झाँसी ने ललकारा, चम-चम चमक उठी तलवार।
अँग्रेजों में मची खलबली, गोरे करते हा-हा कार।।

अपनी झाँसी कभी न दूंगी, मर्दानी ने छेड़ी जंग।
गरज उठी खूँखार सिंहनी, गोरे हुए देख के दंग।।
बाँध पीठ पर स्वयं पुत्र को, घोड़े पर हो गई सवार।
अँग्रेजों में मची खलबली, गोरे करते हा-हा कार।।

कूद गई घोड़े को लेके, नीचे गहरी खाई तंग।
घमासान फिर युद्ध छिड़ गया, झलकारी थी उसके संग।।
गाजर मूली जैसा काटे, भीतर छुपा रखा था ज्वार।
अँग्रेजों में मची खलबली, गोरे करते हा-हा कार।।

भीषण युद्ध किया रानी ने, करती रही वार पर वार।
घोड़ा जख्मी हुआ उसे जब, जाना था नाले के पार।।
इतने में अँग्रेज आ गए, रानी किया अग्नि संस्कार।
अँग्रेजों में मची खलबली, गोरे करते हा-हा कार।।

विधा - गीत
आधार छंद - वीर/आल्हा (16, 15)
पदांत - दीर्घ लघु (21) अनिवार्य

शीर्षक - जलवा देखेगा संसार (3 अंतरे)

अनुशासन में रहकर सारे, रोज करेंगे जय-जय कार।
फिर से वीर सुभाष आ गए, जल्वा देखेगा संसार।।

मैं दूंगा तुमको आजादी, आओ थामो मेरा हाथ।
भारत माता की जंजीरें, कट जायेंगी देना साथ।।
आजादी के लिए लड़े थे, कभी नहीं मानी थी हार।
फिर से वीर सुभाष आ गए, जल्वा देखेगा संसार।।

डरते थे अँग्रेज सामने, कभी नहीं आए थे हाथ।
आजादी के दीवानों का, मिलता रहा हमेशा साथ।।
नारा किया बुलंद देश का, सैनिक कर डाले तैयार।
फिर से वीर सुभाष आ गए, जल्वा देखेगा संसार।।

दुश्मन डर जाते थे उनसे, सुनते जब उनकी ललकार।
फौज खड़ी की अपने बूते, छपे हुए थे सब अखबार।।
असली हीरो रहे देश के, आजादी के पैरोकार।
फिर से वीर सुभाष आ गए, जल्वा देखेगा संसार।।

विधा – गीत
आधार छंद – कुकुभ (16, 14)
पदांत – (22) अनिवार्य

शीर्षक - तुम बिगडी आज बनाओ (2 अंतरे)

मैं हूँ चरण शरण में बाबा, तुम बिगड़ी आज बनाओ।
अपने भक्तों पर करुणाकर, यूँ आज कृपा बरसाओ।।

महादेव हो आप सदाशिव, तुम ही हो भक्ति प्रदाता।
देवों के हो देव आप ही, सबके हो भाग्य विधाता।।
अंतर्मुख कर दो इस जग को, इस ठगनी से छुड़वाओ।
अपने भक्तों पर करुणाकर, यूँ आज कृपा बरसाओ।।

प्राणों में यह रमा हुआ है, हम सबकी स्वाँस चलाता।
रोम-रोम में दिव्य चेतना, तुम सबको ही पहुँचाता।।
अजपा जाप बताओ सब को, वह नाद ब्रह्म सुनवाओ।
अपने भक्तों पर करुणाकर, यूँ आज कृपा बरसाओ।।

भटक रहे हैं भक्त तुम्हारे, आडंबर में उलझे हैं।
पढ़े लिखे विद्वान सभी हैं, सारे लगते सुलझे हैं।।
इड़ा पिंगला और सुषुम्ना, में संगम स्नान कराओ।
अपने भक्तों पर करुणाकर, यूँ आज कृपा बरसाओ।।

कुकुभ छंद
मात्रा - 30 यति 16, 14
पदांत - दो गुरु (SS) अनिवार्य

शीर्षक - अपना बन गया सहारा

जबसे आलस निद्रा त्यागी, अपना बन गया सहारा।
बढ़ा लक्ष्य की ओर अकेला, मंजिल ने मुझे पुकारा।।

चित्त वृत्तियाँ अंतर्मुख हों, तो अपना हृदय टटोलें।
देखें पूरी चकाचौंध पर, मुख से कुछ भी मत बोलें।।
बिन सूरज चंदा उजियारा, अखिल भुवन से है न्यारा।
बढ़ा लक्ष्य की ओर अकेला, मंजिल ने मुझे पुकारा।।

बिना बजाए नाद बाजता, नौबत बजती है प्यारी।
घंटा शंख बाँसुरी वीणा, सुन मृदंग पावन तारी।।
कहते ब्रह्मानंद कबीरा, वो है प्रिय देश हमारा।
बढ़ा लक्ष्य की ओर अकेला, मंजिल ने मुझे पुकारा।।

प्राण चलाने वाला घट में, हम सबकी श्वास चलाता।
तूने ढूँढा काबा काशी, तुझे समझ में कब आता।।
चरण शरण सदगुरु की ले ले, घट भीतर देख नजारा।
बढ़ा लक्ष्य की ओर अकेला, मंजिल ने मुझे पुकारा।।

विधा - गीत
आधार छंद - ताटंक (16, 14)

शीर्षक - भूखे ही सो जाते हैं (4 अंतरे)

जिन्हें मिला है बचपन का सुख, माँ का कर्ज चुकाते हैं।
फुटपाथों पर कुछ बच्चे तो, भूखे ही सो जाते हैं।।

इनका जीवन तंग गली में, फुटपाथों पर बीता है।
रूठा इनसे भाग्य विधाता, किस्मत का घट रीता है।।
मिले काम तो खुश होकर के, किस्मत को अजमाते हैं।।
फुटपाथों पर कुछ बच्चे तो, भूखे ही सो जाते हैं।।

भूख बड़ी निष्ठुर होती है, क्या-क्या खेल कराती है।
खून बेचकर पेट पालते, किडनी तक बिक जाती है।।
गत्ता पन्नी लोहा लंगड़, जाने क्या-क्या लाते हैं।
फुटपाथों पर कुछ बच्चे तो, भूखे ही सो जाते हैं।।

दारू पीकर बोझ उठाया, उठा पिता का साया है।
माता बिना दवा के तड़पी, उसकी कैसी माया है।।
धन कुबेर कुत्तों को पालें, रोज सुबह टहलाते हैं।
फुटपाथों पर कुछ बच्चे तो, भूखे ही सो जाते हैं।।

मंदिर मस्जिद गुरुद्वारों पर, सोने की दीवारें हैं।
लंगर बाँट रहे हठ योगी, लंबी लगी कतारें हैं।।
मानवता नादान नहीं तो, व्यर्थ सभी सुख पाते हैं।
फुटपाथों पर कुछ बच्चे तो, भूखे ही सो जाते हैं।।

विधा - गीत
आधार छंद - सरसी/कबीर (16, 11)

शीर्षक - चलो गाँव की ओर (4 अंतरे)

जहाँ नीम पीपल की छाया, चिड़ियों का है शोर।
शहरों में अब दम घुटता है, चलो गाँव की ओर।।

बड़े भोर से मुर्गा बोले, चिड़ियाँ जुड़ें तमाम।
निकल पड़े हैं सभी प्रभाती, लेकर हरि का नाम।।
महक उठा है खुशबू से अब, धरती का हर छोर।
शहरों में अब दम घुटता है, चलो गाँव की ओर।।

बैलों की घंटी का बजना, निकला खेत किसान।
गाय रँभाती दूध लगाने, चक्की पड़ा पिसान।।
मिट्टी के बर्तन में पकता, भोजन जब चितचोर।।
शहरों में अब दम घुटता है, चलो गाँव की ओर।।

यहाँ आपसी प्रेम सभी में, आते सबके काम।
सात पाँच जब हाथ लगाते, कहते सबसे राम।।
बैठ अथाई पर होती हैं, गप्पें संजा भोर।
शहरों में अब दम घुटता है, चलो गाँव की ओर।।

सब जाते तालाब नहाने, तोड़ें खूब गदूल।
शंकर जी के मंदिर देखो, चढ़ते कितने फूल।।
हम नादान गाँव में अच्छे, खेती है पुरजोर।
शहरों में अब दम घुटता है, चलो गाँव की ओर।।

आधार छंद - हरिप्रिया/चंचरीक सममात्रिक दण्डक
प्रति पंक्ति - 46
यति - 12, 12, 12, 10

शीर्षक - सद्गुरु घर आये (2 युग्म)

गाँव गली में बहार, खुले दिव्य चक्षु द्वार,
हुआ हृदय अब उदार, सद्गुरु घर आये।
पावन हैं मन विचार, स्वागत में फूल हार,
रखे कलश सूत्र धार, दिव्य गंध लाये।।

आया है अब बसंत, स्वागत में पूज्य संत,
लगता है दिग्दिगंत, जैसे निधि पाये।।
दीप रखे द्वार-द्वार, तोरण की है बहार,
मंद-मंद है बयार, स्वागत को धाये।।

सद्गुरु महिमा अनंत, कहें सुनें वेद संत,
बैठे हैं सब महंत, आसन बैठाये।
आज मिला दिव्य ज्ञान, नाद ब्रह्म नाम दान,
अमरित का किया पान, दीपक जलवाये।।

अंतर में था प्रकाश, बाहर करते तलाश,
बैठे थे हम हताश, सद्गुरु बतलाये।
जान लिया आज मर्म, क्या है अपना सुधर्म,
सुधरेंगे नित्य कर्म, चरण शरण पाये।।

आधार छंद - लावणी छंद

विधा - गीत

मात्रा - 30

यति विधान - 16 : 14

पदांत - एक गुरु ($) अनिवार्य

शीर्षक - धूमा है प्रज्ञान चाँद पर

हमने छुआ दक्षिणी ध्रुव को, सबके फीके रंग हुए।
जो हमने इतिहास बनाया, दुनियाँ वाले दंग हुए।।

धरती माँ ने राखी भेजी, अपनी राखी पहुँच गई।
चंदा मामा हुए हमारे, रिश्तेदारी नई नई।।
बड़े दिग्गजी नाम चीन के, अहंकार भी भंग हुए।
जो हमने इतिहास बनाया, दुनियाँ वाले दंग हुए।।

बड़ी सफलता हमें दिलाई, धन्यवाद स्वीकार करें।
वैज्ञानिक इसरो के सारे, कोशिश अब हर बार करें।।
अखिल विश्व जय करे तिरंगा, हम खुशियों के संग हुए।
जो हमने इतिहास बनाया, दुनियाँ वाले दंग हुए।।

यह इतिहास विश्व ने देखा, जो भारत के नाम हुआ।
ये संकल्प कठिन था लेकिन, आज सुखद परिणाम हुआ।।
घूमा है प्रज्ञान चाँद पर, रोशन सारे रंग हुए।
जो हमने इतिहास बनाया, दुनियाँ वाले दंग हुए।।

छंद —चंडिका छंद (आदि द्विकल)
मापनी - 2222-212, 2222-212
पदान्त - 212 (अनिवार्य)

शीर्षक - क्यों व्याकुल मन आज है

क्यों व्याकुल मन आज है, रूठा सारा साज है।
जो मेरी सरताज है, वो मुझसे नाराज है।।

पावन मन की भावना, शुभ मंगल है कामना।
अब पूजा आराधना, पूरे मन से साधना।।

जीवन यापन आपका, पिछले पुण्य प्रताप का।
कुछ थोड़ा सा जाप का, बाकी पश्चाताप का।।

थोड़ी सी पहचान हो, कुछ बाजू में जान हो।
मर्यादित संतान हो, भोले का गुण गान हो।।

लोगों की परवाह है, फिर भी निकली आह है।
अब खुशियों की चाह है, यह संतों की राह है।।

आधार छंद - रुचिरा सममात्रिक मापनी मुक्त

यति -14, 16

परिचय - महातैथिक 30 मात्रा

पदांत - एक गुरु आवश्यक

शीर्षक - तुम रूठो मैं तुम्हें मनाऊँ

आज तुम्हारे साथ चलूँ, जगह तुम्हारे दिल में पाऊँ।
तुम मेरी बाहों में हो, तुम रूठो मैं तुम्हें मनाऊँ।।
नदी किनारे बैठें हम, प्रेमिल मन से तुम्हें निहारूँ।
कैसे दिल का हाल कहूँ, हर धड़कन में नाम पुकारूँ।।

बिना कहे सब कुछ जानो, अंदर से सारे तार जुड़ें।
रूप सुहाना जब देखूँ, पलट-पलट कर हर बार मुड़ें।।
हमने देखा सुंदर था, दिव्य गुणों से सुरभित मुखड़ा।
दमक रही थी वो आभा, जैसे एक चाँद का टुकड़ा।।

तन से सुंदर सब होते, मन से सुंदर तो मिला नहीं।
ऐसे लगता है हमको, जैसे है कोई यहीं कहीं।।
मन का मीत बना लेती, खिल जाता तब हृदय हमारा।
मेरे दिल को मिल जाता, तुम जैसा मजबूत सहारा।।

आधार छंद - चंडिका सममात्रिक
मापनी - 2222-212 आदि द्विकल
पदांत - 212

शीर्षक - ये कैसा संसार है (2 युग्म)

ये कैसा संसार है, सब उल्टा व्यवहार है।
कहता यह अखबार है, मँहगाई की मार है।।
जिसके मन में प्यार है, उसका बेड़ा पार है।
जो अपना दातार है, जीवन का आधार है।।

कर संयम की साधना, पूरी होगी कामना।
जो करता आराधना, पावन होती भावना।।
कितनी सुंदर कामिनी, स्वागत करती यामिनी।
क्रोधित होती भामिनी, देखो चमकी दामिनी।।

शोभित वंदन वार है, मंदिर का यह हार है।
जीवन में अभिसार है, प्रभु तेरा आभार है।।
जीवन में सम्मान हो, थोड़ा सा श्रमदान हो।
पुरखों की कुछ आन हो, जग में गौरव गान हो।।

आधार छंद - स्वीकृति सममात्रिक दण्डक
प्रति पंक्ति - 34
यति - 13, 10, 11

शीर्षक - नवपथ करना गमन। (3 युग्म)

करें चिंतन जीवन का, इस निर्मल मन का, नवपथ करना गमन।
हृदय में भगवत धारा, मन दिव्य हमारा, मन को करना शमन।।
लगे मन सदा भजन में, कर्तव्य जतन में, खिला रहेगा चमन।
बनें मानवता वादी, सज्जन को गादी, जग में होगा अमन।।

करें जग का हित साधन, हो प्रभु आराधन, उत्तम का हो वरण।
करें शुभ की तैयारी, हरदम आभारी, शुभ का हो अनुशरण।।
हृदय में प्रेमिल धारा, सदभाव हमारा, पावन अंतःकरण।
भजें श्री राधा कृष्णा, छूटेगी तृष्णा, पकड़ो हरि के चरण।।

विषय रस में क्यों उलझा, ये गाँठें सुलझा, करें नाम का भजन।
करो सज्जन की संगत, आएगी रंगत, मन से करना यजन।।
हमारी बातें मानो, प्रभु घट पहचानो, काम न देंगे स्वजन।
तिरोहित कर दे उलझन, वश में करले मन, मिल जायेंगे सजन।।

आधार छंद - आराध्य (नवीन)
परिचय - अर्ध समवार्णिक
गणावली - तसत, समग
अंकावली - SS।-।।S-SS।, ।।S-SSS-S
पदांत - SSS

शीर्षक - मन की गाँठें खोलो (5) युग्म

ये जीवन दिना दो चार, सबसे मीठा बोलो।
क्यों कष्ट सहता संसार, मन की गाँठें खोलो।।

ये जीवन सदा निस्सार, घट की जाने देवा।
है भक्ति अपनी साकार, करिए श्रीजी सेवा।।

है आज कपटी संसार, जग में पीड़ा भारी।
जो कष्ट हरता है आज, हम होते आभारी।।

संसार जपता है नाम, कहता राधा राधा।
श्री कृष्ण अपने श्री धाम, हर लेते हैं बाधा।।

ये मंदिर करो साकार, मन होता दीवाना।
श्री राम अपने आधार, हमने सब ये माना।।

आधार छंद - आराध्य (नवीन)
परिचय - अर्ध समवार्णिक
गणावली - तसत, समग
अंकावली - SS ।-। ।S-SS ।, ।।S-SSS-S
पदांत - SSS

शीर्षक - सपने सारे पूरे (5) युग्म

श्री राम करुणा आगार, सपने सारे पूरे।
ऐसा समय आया आज, बजते तान तमूरे।।

श्री राम जगके दातार, खुद को माँगें खोली।
कैसा समय है हे राम, खुल के बोलें बोली।।

सारी कुटिलता को छोड़, खुशियों के मेले हैं।
देंगे प्रभु सदा दीदार, जब योगी चेले हैं।।

हे राम जय हो श्री राम, करनी से आभारी।
थामो प्रभु हमारे हाथ, सुख की बातें सारी।।

श्री राम अपने आराध्य, सबको वो देते हैं।
कर जीवन सदा साकार, अब नावें खेते हैं।।

आधार छंद - आराध्य (नवीन)
परिचय - अर्ध समवार्णिक
गणावली - तसत, समग
अंकावली - SS ।- ।।S-SS ।, ।।S-SSS-S
पदांत - SSS

शीर्षक - ले लो शरण आये राम (5) युग्म

ले लो शरण आये राम, सबकी है तैयारी।
ये राम अपने हैं देव, हम होगें आभारी।।

श्री राम अपने ईश्वर, अधरों पै है लाली।
दातार जग के श्री राम, भर दें झोली खाली।।

चारों तरफ तेरी धूम, सबमें तेरी छाया।
हे राम हमसे हो दूर, जग की सारी माया।।

ये मंदिर सजा जो आज, सब ही हैं उत्साही।
है आज जनता का मूढ़, रखना आवाजाही।।

श्री राम सबके हैं प्राण, सपने पूरे मानो।
देंगे प्रभु सदा आनंद, अपना दाता जानो।।

आधार छंद - मयूरशिखा अर्ध सममात्रिक
यति - 14, 13
परिचय - चार चरण 54 मात्रा
मापनी - SSS-SSS-S, SS ।S-S । ।S
पदांत - सगण (।।S)

शीर्षक - चंचलता (5 युग्म)

मन दौड़ाता है सबको, करना शमन चंचलता।
गुरु की आज्ञा में रहकर, पाना तुम्हें कोमलता।।

भोग विषय को छोड़ो तुम, रोको यहाँ दानवता।
मन इंद्रिय को निग्रह कर, सीखो सदा मानवता।।

मन जीता तो जग जीता, इस युक्ति को आज सुनो।
आज असत से बाहर हो, आत्मा कहे खूब गुनो।।

इस जीवन की शाम न हो, ऐसी मिले युक्ति कहीं।
सब गुरु के शरणागत हों, उनके बिना मुक्ति नहीं।।

दिव्य नयन जब खुलता है, जीवन यही सार्थकता।
रोग सभी मिट जाते हैं, रहती नहीं मादकता।।

आधार छंद - मयूरशिखा अर्ध सममात्रिक
यति - 14, 13
परिचय - चार चरण 54 मात्रा
मापनी - SSS-SSS-S, SS ।S-S । ।S
पदांत - सगण (। ।S)

शीर्षक - तूफानों से डरना क्यों (5 युग्म)

तूफानों से डरना क्यों, ऊँचा रखेंगे सपना।
भारत माता की जय हो, नारा यही है अपना।।

देश हमारा पहले है, सुख-दुख हमें भी सहना।
सरहद पर सबसे पहले, आगे तिरंगा रहना।।

चट्टानी साहस अपना, रण का बिगुल आज बजे।
फौलादी है यह सीना, हर हाथ तलवार सजे।।

दुश्मन को धूल चटा दे, भारत तुम्हारी जय हो।
मेरे इस रण कौशल का, दुश्मन तुझे भी भय हो।।

विश्व विजय कर फहरेगा, देखो तिरंगा अपना।
अब हम भारत माता का, पूरा करेंगे सपना।।

आधार छंद - हुताशन (सममात्रिक)
परिचय - आदित्य (वर्गभेद- 233)
मात्रा - 12
मापनी - 1222-1211

शीर्षक - नवल आया प्रभाकर (3) युग्म

समस्यायें खड़ी जब, करेगा कौन है अब।
कठिन जीना न हो कल, निकालेंगे अभी हल।।
दुखी है देख अंतर, निराशा है निरंतर।
हुआ है रक्त रंजित, यहाँ है कौन लज्जित।।

कटे हैं पेड़ पीपल, नहीं हैं छाँव शीतल।
नहीं है आज संबल, कटे हैं खूब जंगल।।
बने सब वर्ण शंकर, लगे गुस्सा भयंकर।
नहीं कोई कहीं प्रण, करेगा जो नियंत्रण।।

अभी जो था बवंडर, निशा बीती भयंकर।
निराशा छोड़ निर्भय, रखो कोई न संशय।।
अँधेरों को हराकर, नवल आया प्रभाकर।
किया है वेद मंत्रित, सभी होगा नियंत्रित।।

विधा - गीत
आधार छंद - सार
मात्रा - 16:12= 28
पदांत - दो गुरु आवश्यक

शीर्षक - मौसम बडा सुहाना (2) अंतरे

भोले के जयकारे बोलो, काँवड़ लेकर जाना।
सावन रिमझिम बरस रहा है, मौसम बड़ा सुहाना।।
चारों तरफ सुनाई देता, शिव शंकर कैलाशी।
महाकाल का लोक बना है, खुश है पूरी काशी।।

भोले के भक्तों के कारण, मौसम बड़ा सुहाना।
जिनका शिव मंदिर तक अक्सर, रहता आना जाना।।
हर-हर बम-बम कहते जाते, भोले भक्त तुम्हारे।
कांवड़िया जल लेकर आते, उनके तुम्हीं सहारे।।

सावन पावन मास कहाता, मौसम बड़ा सुहाना।
शिव के मंदिर भरे हुए हैं, लोग बाँटते खाना।।
धर्म पुण्य की बात निराली, जिसका सबसे नाता।
सबकी झोली भर देता है, अपना भाग्य विधाता।।

आधार छंद - आल्हा/वीर छंद (सममात्रिक)

मात्रा - 31

यति - 16, 15

पदांत - $।

शीर्षक - होगी प्यारे तेरी जीत (2) युग्म

लिए हौसला बढ़ता चल तू, होगी प्यारे तेरी जीत।
सदा तिरंगा फहराएगा, यही हमारी पावन रीत।।
मातृ भूमि का मुकुट हिमालय, पाँव पखारे सागर तीर।
पीछे नहीं देखता मुड़क, वीर प्रसूता माँ का वीर।।

धमनी में उबाल लेता है, जिसका रक्त खौलता आप।
वो ही सैनिक विजयी होता, करता नहीं कभी संताप।।
साहस लेकर चलता चल तू, होगी प्यारे तेरी जीत।
कर्मवीर को फर्क न पड़ता, सुनता रोज मृत्यु संगीत।।

जिसके साहस ने लिख डाला, भारत का स्वर्णिम इतिहास।
कोई उन्हें डिगा कब पाया, जिनके दिल में माँ का वास।।
देख हिमालय की ऊँचाई, होगी प्यारे तेरी जीत।
इस माटी का तिलक लगाकर, रचना तुम वीरों के गीत।।

आधार छंद -आल्हा/वीर छंद (सममात्रिक)
मात्रा - 31
यति - 16, 15
पदांत - $।

शीर्षक - भारत माता (3) युग्म

मातृ भूमि के होते रक्षक, कर देते अपना बलिदान।
देश नमन करता है उनको, देता है दिल से सम्मान।।
सीमा पर पहरा देते हैं, खड़े जहाँ पर सीना तान।
भारत माता के गुण गाते, जनगणमन का करते गान।।

होते रक्षक वीर सिपाही, उनका है दिल में अरमान।
मातृ भूमि पर लिए तिरंगा, सैनिक करते हैं जयगान।।
बर्फ गिरे चाहे सर ऊपर, चाहे आवें नित तूफान।
सीना तान खड़ा है सैनिक, भारत की उससे पहचान।।

काश हमें भी मिलता मौक़ा, होते रक्षक हम नादान।
सीमा पर बैरी को करते, उसकी गलती पर हैरान।।
नाकों चने चबाता बैरी, भारत माँ का लोहा मान।
अब भी इतना दमखम रखती, भारत माता की संतान।।

आधार छंद - दिगपाल (सममात्रिक)
मापनी - $$।-$।$$, $$।-$।$$
पदांत - $$

शीर्षक - अब राम राज्य होगा

अब राम राज्य होगा, होगी विजय तुम्हारी।
जनता जनार्दन ने, देखी खुशी हमारी।।
कानून न्याय सुविधा, सबको समान होगी।
सारे सुखी रहेंगें, जन में कमान होगी।।

पावन चरण कमल हैं, श्री राम जी तुम्हारे।
दुनियाँ निहारती है, आदर्श यह हमारे।।
अब राम राज्य पर ही, चिंतन शिविर लगाना।
अपने विचार हैं यह, इस विश्व को बताना।।

सबका विकास होगा, अवसर तुम्हें मिलेंगे।
इस विश्व में तुम्हारे, आदर्श ही खिलेंगे।।
पावन चरण कमल हैं, सबका भला करेंगे।
जैसा करम करेगा, वैसा सभी भरेंगे।।

विधाः उल्लाल छंद (अर्धसममात्रिक)

मात्रा : 56

यति : 15/13

2 पंक्तियाँ समतुकांत।

शीर्षक - गंगा

जब भागीरथ ने तप किया, गंगा हुई प्रसन्न है।
तब पितरों की मुक्ति हुई, मिला हमें जलअन्न है।।

हैं गंगा जीवन दायनी, आती सबके काम हैं।
हम गङ्गा जी में स्नान से, धोते पाप तमाम हैं।।

मां पावन निर्मल बह रही, करने को कल्याण हैं।
मां गङ्गा धारा स्वर्ग की, जीवन का निर्वाण हैं।।

मां गङ्गा तीर्थ स्वरूप है, बहती वह अविराम है।
मां गङ्गा जी के घाट में, सारे पावन धाम हैं।।

शिव शंकरजी की शीश से, शुरू हुआ निस्तार है।
मां गोमुख से प्राकट्य है, बाद हुआ विस्तार है।।

चौपाई जयकरी छंद

मात्रा – 15

परिचय – सममात्रिक, (15, 15)

तुकांत – प्रति चरण में

शीर्षक - रे मन मूरख अब तो जाग

रे मन मूरख अब तो जाग, खुल जाएँगे तेरे भाग।
घट में बैठा उसको जान, चला रहा जो प्राण अपान।।
आँखों में देता उजियार, करता तेरी सार सँभार।।
जो चेतन रखता हर स्वाँस, जो है तेरे सबसे पास।।

रे मन मूरख अब तो जाग, लगी हुई है घर में आग।
काम क्रोध मद मत्सर मोह, लेते रहते तेरी टोह।।
मन नहीं बना गुरु का दास, जब तक सारी झूठी आस।
गुरु से ले अंदर का ज्ञान, चंद दिनों का तू महमान।।

रे मन मूरख अब तो जाग, खेल रहे हैं चूहे फाग।
घट दीपक में बाती डाल, खड़ा सामने तेरे काल।।
सागर के अंदर तो डूब, मोती माणिक रक्खे खूब।।
थोड़ा थोड़ा समय निकाल, नाम जपन की आदत डाल।।

आधार छंद – गीतिका (सममात्रिक)

मात्रा – 26

मापनी – $।$$-$।$$-$।$$-$।$

पदांत – $।$ या ।$

शीर्षक -शब्द ही श्रृंगार मेरा (3) युग्म

शब्द ही श्रृंगार मेरा, शब्द जीवन चेतना।
शब्द दुनियाँ का नियामक, शब्द ही संवेदना।।
शब्द ही स्वाँसें चलाता, शब्द मन की भावना।
शब्द दिलवर से मिलाता, शब्द ही है साधना।।

शब्द ही ब्रह्माण्ड बाहक, शब्द ही तो प्राण है।
शब्द से ही सृष्टि के इस, जीव का कल्याण है।।
शब्द जीवन का नियामक, शब्द ही श्रृंगार है।
शब्द से हर जीत पक्की, शब्द से ही हार है।।

शब्द से धरती टिकी है, शब्द है संजीवनी।
शब्द ही श्रृंगार मेरा, शब्द है शिवरंजनी।।
शब्द से ही है चराचर, जीव का जीवन यहाँ।
शब्द है नादान सबका, प्राण चेतन धन यहाँ।।

सोरठा छंद

शीर्षक - गुरु महिमा

सकल गुणों की खान, गुरुवर देते ज्ञान धन।
बनता शिष्य सुजान, पाकर के सानिध्य वह।।

करिए उसे तलाश, जो लोहा पारस करे।
गुरु हैं दिव्य प्रकाश, अंतर्मन में झाँकिए।।

सदगुरु नाम जहाज, भवसागर पतवार वह।
गुरुमुख हो जा आज, चौरासी बंधन कटे।।

नाम रूप आधार, अखिल विश्व मंगल करे।
गुरु करुणा आगार, काम क्रोध शीतल करे।।

गुरु की महिमा ज्ञान, दिव्य चक्षु को खोल दे।
गुरुवर करें प्रदान, कागा को कोयल करें।।

विधाः - सोरठा छंद

शीर्षक - चुनाव

ऐसा कठिन चुनाव, पिता पुत्र दोनों खड़े।
देता गहरे घाव, आपस में लड़ते सभी।।

चलें चुनावी चाल, कूटनीति के शूरमा।
देख सभी के हाल, कान पकड़ते हैं कई।।

बटते दारू नोट, मतदाता खुश हैं अभी।
बाद करेंगे चोट, सोच समझ के वोट दो।।

कान फोड़ संगीत, गली गली भोंपू लगे।
ये चुनाव की रीत, जन मानस है कष्ट में।।

झूठा करें प्रचार, मुफ्त रेवड़ी बाँटते।
लालच है आधार, सब चुनाव लड़ने खड़े।।

विधा – गीत
आधार छंद – ताटंक छंद
मात्रा – 30
यति 16, 14
पदांत – मगण ($$$)

शीर्षक – नाग पंचमी (2) अंतरे

नाग पंचमी पर नागों की, पूँछ परख बड़ जाती है।
दरवाजों पर अंकित होते, अम्मा उसे बनाती है।।

गाँव गली में आज सपेरे, घर-घर साँप दिखायेंगे।
दान दक्षिणा उन्हें मिलेगी, सर्प दूध भी पायेंगे।।
बच्चों की दरवाजों पर भी, भीड़ खूब जब आती है।
नाग पंचमी पर नागों की, पूँछ परख बड़ जाती है।

नाग देव की पूजा होगी, घर-घर बीन बजायेंगे।
पहलवान दंगल में अपने, आज दाँव दिखलायेंगे।।
जब जीत किसी की होती है, तब कुश्ती नाम कमाती है।
नाग पंचमी पर नागों की, पूँछ परख बड़ जाती है।

विधाः- रोला छंद

शीर्षक - आनंद

अति आनंद उमंग, विश्व में उत्सव छाया।
हर्षित हैं सब लोग, राम की अद्भुत माया।।
मंदिर बना विशाल, देख प्रभु की प्रभुताई।
आते लाखों लोग, दिव्य पारस निधि पाई।।

यह आनंद उछाह, देखकर सब चकराए।
बुधिजन संत महंत, सिद्ध मुनि योगी आए।।
देव पितर गंधर्व, किन्नरों का था मेला।
राम विराजे धाम, अलौकिक देखा खेला।।

देखा जो आनंद, आँख सबकी भर आई।
लिखते कैसे शब्द, भाव की पाई पाई।।
खूब हुआ जयघोष, जोश सबके मन जागा।
जय-जय जयश्री राम, अँधेरा डरके भागा।।

विधा - रोला छंद

शीर्षक - मतदान

सफल करें मतदान, विजय उनके घर आए।
जिनको प्रतिनिधि मान, बजाए खूब बधाए।।
करें राष्ट्र के काम, लोक हित जन की सेवा।
सिद्ध करें मतदान, मिलेगी सबको मेवा।।

लोक तंत्र की शान, करें मतदान जरूरी।
चुने स्वच्छ छवि लोग, नहीं कोई मजबूरी।।
स्वच्छ प्रकृति के लोग, चुने जब जनता सारी।
अपराधों पर रोक, लगेगी बारी-बारी।।

चलो करें मतदान, देखकर उनकी शिक्षा।
होते सभी चुनाव, देश की असल परीक्षा।।
संविधान से चले, देश की सभी प्रणाली।
नहीं अगर कानून, लगे सब खाली खाली।।

आधार छंद - प्रबुद्धा (विषममात्रिक)

प्रबुद्धा छंद सोरठा +सार छंद

11, 13 पदांत 12 + 16, 12 पदांत 22

शीर्षक - होगी अपनी जीत (2)

होगी अपनी जीत, काम करो संकल्प से।

ऐसा हुआ प्रतीत, श्रम के बिन कुछ भी नहीं।।

श्रम के बिन कुछ भी नहीं यहां, देखो नजर पसारो।

जो कुछ भी पाया है हमने, उसकी ओर निहारो।।

कह मूरख नादान अभी से, बनना है क्या रोगी।

काम करो संकल्पित होकर, जीत तुम्हारी होगी।।

होगी अपनी जीत, श्रम से तुम डरना नहीं।

सभी बनेंगे मीत, जो तुमसे कतरा रहे।।

जो तुमसे कतरा रहे यहां, होंगे पीछे सारे।

जितने भी कर रहे खिलाफत, खड़े रहेंगे द्वारे।।

कहता है नादान सभी से, रहना आप निरोगी।

श्रम से डरना नहीं कभी भी, जीत तुम्हारी होगी।।

आधार छंद - मरहटा (सममात्रिक)
यति - 10, 8, 11
पदांत - $।

शीर्षक - प्रवर्षण (3) युग्म

अब लगा प्रवर्षण, जल आकर्षण, धरती हुई निहाल।
जल वृष्टि सुहानी, रिमझिम पानी, खेती मालामाल।।
चहुँ ओर जलाशय, सबका आशय, वर्षा हो भरपूर।
लागा चौमासा, अच्छा खासा, जन-जन के दुख दूर।।

करते चौमासा, संत सुपासा, करते बहुत विचार।
बर्षा ऋतु सावन, नाम सुपावन, भजन करें हरवार।।
धरती पर पानी, कीचड़ जानी, जगह-जगह हैं कीट।
प्रभु रक्षा करते, भव से तरते, मनुज भले हो ढीट।।

देखो चौमासा, हरि का वासा, शयन करें अवतार।
प्रभु जपते नामा, पावन धामा, करते शयन विचार।।
मुनि संत सुजाना, एक ठिकाना, पकड़ महीने चार।
जागें प्रभु जिस क्षण, मंगल शुभ गण, होवें सगुन अपार।।

आधार छंद - मरहटा (सममात्रिक)

मात्रा - 29

यति - 10, 8, 11

पदांत - $।

शीर्षक - मीरा बाई (2) युग्म

मीरा दीवानी, सब सुख मानी, खूब बजाती चंग।
कृष्णा अनुरागी, बन बड़ भागी, प्रेरक प्रेम प्रसंग।।
छोड़े सुख साधन, सभी अपावन, धन वैभव के राग।
पाया जब साधन, बनी सुपानव, गुरु चरणों में लाग।।

महिलों की रानी, हुई दिवानी, प्रेरक प्रेम प्रसंग।
सद्गुरु रविदासा, ज्ञान पिपासा, चढ़ा हृदय में रंग।।
राणा हत भागी, तृष्णा जागी, भेजा काला नाग।
प्रभु दर्शन पाए, प्रेम जगाए, धन्य धन्य हैं भाग।।

कर्मठ जग सारा, मन से हारा, मिले नहीं शुभ राह।
माया भरमाए, पास बुलाए, तृष्णा बड़ी अथाह।।
झूठा संसारा, चोर लबारा, करते मन के खेल।
यह जीवन पावन, अति मन भावन, छूट न जाए रेल।।

चौपाई /जयकरी छंद
विधान 15, 15 पदांत 21

शीर्षक - बदल रहा है अब इंसान

देख जगत का क्रूर विधान, बदल रहा है अब इंसान।
चला रहे हैं हिंसक चाल, ठीक सामने आता काल।।
युद्ध खड़ा है सर पर आज, बदल रहा है आज समाज।
अहंकार पर सभी सवार, भरे पड़े सारे अखबार।।

कूटनीति का बड़ा दवाव, देते इक दूजे को घाव।
अहंकार में सारे चूर, बना रहे सबको मगरूर।।
युद्ध हुआ खाएँगे मार, दामन में लेकर के हार।
थोड़ा सोच समझ नादान, बदल रहा है अब इंसान।।

जीवन है सबसे आसान, उलझ रहा है क्यों नादान।
जीने का सारा सामान, बेच रहा है क्यों ईमान।।
झूठा करता कारोबार, सब छूटेंगे कोठी कार।।
देख रहा सबका अवसान, बदल रहा है अब इंसान।

आधार छंद - चौपई या जयकरी (सममात्रिक)
यति 15, 15 पदांत 21

शीर्षक - मत कर तू बंदे अभिमान (3) युग्म

मत कर तू बंदे अभिमान, क्यों करता है झूठी शान।
यहाँ बसेरा है दिन चार, फिर जाना है हाथ पसार।।
कोठी महल किले का बास, छूटे सारे दासी दास।
माल खजाने गए न साथ, जब पहुँचे जब खाली हाथ।।

मत कर तू बंदे अभिमान, तेरी मंजिल है शमशान।
राख बनेगी झूठी शान, चंद दिनों का तू महमान।।
भूलेंगे कुछ दिन के बाद, बन जाएगा तेरा खाद।
माटी का यह चोला मान, जिसमें छुपा सत्य का ज्ञान।।

मत कर तू बंदे अभिमान, झूठी सब माया की शान
अंतर्मुख हो खुद को जान, घट में बैठा है भगवान।।
जैसे है चकमक में आग, जाग सके तो अब भी जाग।
गीता में है इसका ज्ञान, गुरु के बिन है कहाँ निदान।।

मत्त सवैया राधेश्यामी छंद
विधान 2ः 12 ः2=16 मात्रा
आदि अंत द्विकल 2, 11 मान्य

शीर्षक - शिव गौरा

शिव गौरा झूला झूल रहे, सावन रिमझिम बरसाता है।
इस कारण सावन मास सदा, भोले के मन को भाता है।।
माँ सदा सुहागिन रहतीं हैं, यह जन्म जन्म की लीला है।
उनका यह प्रेम अमर रहता, जो पावनऔर रसीला है।।

सावन में बादल बरस रहे, छाई है देखो हरियाली।
काँवड़िया जल लेकर आते, उनकी सेवा सच्ची वाली।।
माता बहनें श्रृंगार करें, लेतीं सुहाग माँ से अपना।
मेरा सुहाग भी अमर रहे, देखा है सबने ये सपना।।

लगती हैं सावन में देखो, बम भोले की जयकार यहाँ।
शिव गौरा के मंदिर गूँजे, होती है भीड़ अपार वहाँ।।
हो रहे नित्य अभिषेक अभी, भक्तों की भीड़ निराली है।
मौसम भी बड़ा सुहाना है, वह सारे जग का माली है।।

आधार छंद - प्रबुद्धा (विषममात्रिक)
प्रबुद्धा छंद सोरठा + सार छंद
11, 13 पदांत 12 + 16, 12 पदांत 22

शीर्षक - मेला यह संसार (2)

मेला यह संसार, आना जाना है लगा।
प्रभु का नाम उदार, ले जाए भव पार यह।
ले जाए भव पार यह सदा, कलि में अभिमत दाता।।
हितकारी है यहाँ लोक में, वहाँ लोक पितु माता।।
कह मूरख नादान है यही, तत्व ज्ञान का खेला।
आना जाना है यहाँ लगा, यह दुनियां का मेला।।

मेला यह संसार, जा जाना इसको छोड़कर।
झूठा और असार, संत सदा कहते यही।।
संत सदा कहते यही हमें, इसे छोड़कर जाना।।
परम धाम है पावन प्रभु का, वह है सही ठिकाना।।
कह मूरख नादान सभी है, रंग मंच का खेला।
छोड़ मुसाफिर इसको जाना, यह है केवल मेला।।

आधार छंद - प्रबुद्धा (विषममात्रिक)

प्रबुद्धा छंद सोरठा +सार छंद

11, 13 पदांत 12 + 16, 12 पदांत 22

शीर्षक - मन में भर उत्साह (2)

मन में भर उत्साह, काम करें संकल्प ले।
रखें दिलों में चाह, भारत के उत्थान की।।
भारत के उत्थान को यहां, सदा सभी ने माना।
जीवन के कल्याण की यहां, सब विधियों को जाना।।
कहता मूरख नादान यहां, हम खेले बचपन में।
इस मिट्टी से है प्यार हमें, चाह हमारे मन में।।

मन में भर उत्साह, पढ़ने पर हम ध्यान दें।
लें किताब की थाह, सब कुछ सीखें काम का।।
सब कुछ सीखें काम का सदा, अपनी मंजिल पाएँ।
सदा नाम रोशन करें यहां, और शिखर तक जाएं।।
कहता मूरख नादान अभी, हम अपने बचपन में।
पढ़ने पर देना ध्यान सदा, उत्साह भरें मन में।।

आधार छंद - सुदर्शना विषम मात्रिक
कुल मात्रा - 148
परिचय - षष्ठपदी
सूत्र-सुदर्शना= सोरठा11, 13 + पारधी13, 12

शीर्षक - स्वागत (2 युग्म)

स्वागत है सरकार, जग पावन मंगल भवन।
करते हम आभार, संकट मोचन आपका।।
संकट मोचन आपका, वंदन करे प्रभाकर।
डरते हैं शैतान भी, सारे भूत निशाचर।।
मैं सेवक नादान हूँ, कब से हूँ शरणागत।
जग मंगल प्रभु आपका, करते हैं हम स्वागत।।

स्वागत वंदन नित्य, हे गण नायक आपका।
शुभ हों मेरे कृत्य, कृपा दास पर हो सदा।।
कृपा दास पर हो सदा, तुम हो सिद्धि विनायक।
ठीक करो अब बुद्धि को, बनकर सदा सहायक।।
हे गणनायक आप ही, मेरे हो अभ्यागत।
बुद्धि दास को दीजिए, करें आपका स्वागत।।

आधार छंद - नारायणी (विषम मात्रिक छंद)
नारायणी (170) = हंसा (11, 14) + रुचिरा (14, 16) आदि
चौकल अनिवार्य
पदांत - एक गुरु आवश्यक

शीर्षक - सपने हों साकार (2) युग्म

सपने हों साकार, जीवन सुंदर बन जाए।
मंगल हों सब काज, जन-जन यह खुशियाँ पाए।।
जन-जन यह खुशियाँ पाए, जीवन सबका ही पावन हो।
सुख पायें सब लोग यहाँ, घर आँगन सुंदर उपवन हो।।
कह मूरख नादान यहाँ, सब काम करें खुद ही अपने।
देश हमारा आगे हो, साकार करें सबके सपने।।

सपने हों साकार, युवक यहाँ रोजी पाए।
सबके हाथों में काम, सुंदर शिक्षा अपनाए।।
सुंदर शिक्षा अपनाए, सब ज्ञान वान भारत वासी।
सब सदगुण की खान बने, आमदनी हो अच्छी खासी।।
कह मूरख नादान, खुशी रहें अब सारे अपने।
सबका मंगल हो जाए, पूरे हों अब सबके सपने।।

आधार छंद - सुदर्शना विषम मात्रिक
कुल मात्रा - 148
परिचय - षष्ठपदी
सूत्र-सुदर्शना= सोरठा11, 13 + पारधी13, 12

शीर्षक - पावन (2 युग्म)

पावन हरि का नाम, जग के सब पातक हरे।
मिले हृदय विश्राम, करे निरंतर जो भजन।।
करे निरंतर जो भजन, ईश्वर बने सहायक।
शांत रहे मन आपका, खुश भी रहें यकायक।।
कहते हैं सब संत भी, लगता है मन भावन।
पातक मानव के हरे, सदा नाम यह पावन।।

पावन है यह धाम, भारत जननी सर्वदा।
आए कृष्णा राम, करने को सबका भला।।
करने को सबका भला, होता नहीं अकारण।
दुष्टों के संहार से, करते हैं निस्तारण।।
धरती को रखते सदा, हर्षित अरु मन भावन।
भारत माता ही रही, धरा धाम यह पावन।।

आधार छंद - सुदर्शना विषम मात्रिक
कुल मात्रा - 148
परिचय - षष्ठपदी
सूत्र-सुदर्शना= सोरठा11, 13 + पारधी13, 12

शीर्षक - स्वागत (2 युग्म)

स्वागत है सरकार, जग पावन मंगल भवन।
करते हम आभार, संकट मोचन आपका।।
संकट मोचन आपका, वंदन करे प्रभाकर।
डरते हैं शैतान भी, सारे भूत निशाचर।।
मैं सेवक नादान हूँ, कब से हूँ शरणागत।
जग मंगल प्रभु आपका, करते हैं हम स्वागत।।

स्वागत वंदन नित्य, हे गण नायक आपका।
शुभ हों मेरे कृत्य, कृपा दास पर हो सदा।।
कृपा दास पर हो सदा, तुम हो सिद्धि विनायक।
ठीक करो अब बुद्धि को, बनकर सदा सहायक।।
हे गणनायक आप ही, मेरे हो अभ्यागत।
बुद्धि दास को दीजिए, करें आपका स्वागत।।

आधार छंद – त्रिभंगी छंद (सममात्रिक)
मात्रा – 32
यति – 10, 8, 8, 6
पदांत – प्रत्येक चरण के अंत में $अनिवार्य

शीर्षक -प्रिय पावस आया (3) युग्म

प्रिय पावस आया, मन हर्षाया, दादुर बोलें, मधु वाणी।
हरियाली सोहे, मन को मोहे, बारिश आई, कल्याणी।।
झींगुर दल आए, गीत सुनाए, कोयलिया ने, शोर किया।
आल्हा की ताने, लगे सुनाने, रण कौशल पर, जोर दिया।।

प्रिय पावस आया, जल बरसाया, रिमझिम लाया, मन हरके।
करनी सब पाए, मोद मनाए, हरि गुण गाए, तप करके।।
हरियाली छाई, मन को भाई, देख पराई, करनी को।
जीवन सुख माने, पर दुख जाने, तब पहचाने, धरनी को।।

यह मन है हर्षित, तन आकर्षित, गिरती बारिस, जल धारा।
सावन घिर आया, रिमझिम लाया, प्रेम जगाया, संसारा।।
दादुर दल बोले, मधुरस घोले, गीत सुनाते, बलहारी।
झींगुर दल गाये, झाँझ बजाए, पावस लाए, आभारी।।

आधार छंद – त्रिभंगी छंद (सममात्रिक)

मात्रा – 32

यति – 10, 8, 8, 6

पदांत – प्रत्येक चरण के अंत में $अनिवार्य

पदांत 2/22

शीर्षक – गूँजे किलकारी (2) युग्म

गूँजे किलकारी, अतिशय प्यारी, मातु सुखारी, मन मोहे।
करता अठखेली, मातु अकेली, हँसी ठिठोली, नित जोहे।।
सुन तोतलि वानी, सब सुख मानी, मातु भवानी, जय कारी।
है कोमल काया, प्रभु की माया, देख मातु ले, बलि हारी।।

गूँजे किलकारी, सब आभारी, माँ दातारी, यह ललना।
सब खूब दुलारे, रोज पुकारे, बचन उचारे, ले पलना।।
ललना दुलराये, नेह लड़ाये, मोद मनाये, परिवारी।
मनुहारी आभा, बजे बधावा, सब घर लेते, बलिहारी।।

गूँजे किलकारी, खुश महतारी, सुध बुध हारी, सुख पावे।
बेटी घर आई, बजत बधाई, सब सुख दाई, हरषावे।।
सब गोद खिलाते, मन मुस्काते, प्यार जताते, दुलराते।
बन राज कुमारी, गुड़िया प्यारी, मन हरती आते जाते।।

आधार छंद - मरहटा (सममात्रिक)

मात्रा - 29

यति - 10, 8, 11

पदांत - $।

शीर्षक - कैसे समझाऊँ (3) युग्म

कैसे समझाऊँ, किसे रिझाऊँ, करना लम्बी बात।
सब पढ़ें पढ़ायें, उच्च बनाये, जीवन के हालात।।
दुनियाँ को छानें, पहले जानें, सीखें जीवन मूल।
अनुकूल दिशायें, हमें रिझायें, भले हवा प्रतिकूल।।

कैसे समझाऊँ, किसे बताऊँ, सिद्ध करो सब काज।
बेटी सुख चाहे, सदा निबाहे, दोनों कुल की लाज।।
उसको सुख दीजे, ऐसा कीजे, हम उसको दें त्राण।
खुशियाँ लौटाओ, उन्हें बचाओ, संकट में हैं प्राण।।

बेटी हो आगे, सब दुख भागे, बने नया संसार।
कैसे समझाऊँ, किसे बताऊँ, बेटी जग आधार।।
अंधेरी दुनियाँ, अनपढ़ मुनियाँ, कैसे हो निस्तार।
शिक्षित हो बिटिया, सजती कुटिया, अपना घर परिवार।

आधार छंद – गीतिका (सममात्रिक)

मात्रा – 26

मापनी – $।$$-$।$$-$।$$-$।$

पदांत – $।$ या ।$

शीर्षक – मन एक दर्पण

आज है मन एक दर्पण, आपके व्यक्तित्व का।
चित्त में हर भाव रहता, आपके अस्तित्व का।।
मन जहाँ जाता वहाँ पर, खोजता इतिहास को।
मन विनोदी हो गया तो, चाहता उपहास को।।

लेखनी दर्पण दिखाती, आज के इंसान को।
भावना खुद में जगाती, सत्य अनुसंधान को।।
शारदे माँ धार देती, शब्द में सुर ताल में।
फँस नहीं पाता किसी के, आदमी जंजाल में।।

लेखनी दर्पण दिखाती, आदमी की जात को।
सत्य से परिचय कराती, देश को हालात को।।
आज सब मिलकर करेंगे, सत्य की ये साधना।
लेखनी में धार देगी, आज की आराधना।।

आधार छंद - मत्त सवैया/ राधेश्यामी

कुल मात्रा - 32

यति - (16,16)

पदांत - एक गुरु (S) अनिवार्य

विधा - गीत

शीर्षक- विकसित भारत का सपना है

सबकी आँखों में बसता है, विकसित भारत का सपना है।
सारी जनता संकल्पित है, यह विश्व गुरू अब अपना है।।

भारत सोने की चिड़िया था, यह तथ्य सदा विख्यात रहा।
वैदिक ज्योतिष में आगे था, सब विषयों में में स्नात रहा।।
सोने को स्वर्ण बनाने में, थोड़ा सा अब भी तपना है।
सबकी आँखों में बसता है, विकसित भारत का सपना है।।

हम ने संकल्प उठाया है, हम आगे बढ़ते जायेंगे।
सूरज पर भी जो हलचल है, उसके संदेश मगायेंगे।।
बस थोड़ा शेष समय बाकी, फिर अखबारों में छपना है।
सबकी आँखों में बसता है, विकसित भारत का सपना है।।

चिंतन अपना अध्यात्म रहा, दर्शन पर शोध किए सारे।
अंतस के भेद सभी जाने, हमसे विद्वान सभी हारे।।
जीवन का मंत्र यही जाना, अब राम हमेशा जपना है।
सबकी आँखों में बसता है, विकसित भारत का सपना है।।

आधार छंद – सार 16:12
विधा – गीत
मात्रा – 28
पदांत – दो गुरु आवश्यक

शीर्षक –जश्ने आजादी

जश्न मनाओ आजादी का, हिंदुस्तान हमारा।
इस पर लगी जान की बाजी, प्राणों से है प्यारा।।

केशर की क्यारी है प्यारी, जिस पर तनमन वारा।
रंग बिरंगे परिधानों में, सजता यहाँ शिकारा।।

विविध रीतियाँ हैं भारत में, विविध धर्म को माने।
विविध यहाँ की बोली भाषा, एक तिरंगा जाने।।
सभी समर्पित होकर रहते, एक हमारा नारा।
जश्न मनाओ आजादी का, हिंदुस्तान हमारा।।

लाखों बलिदानों के बदले, पाई यह आजादी।
अंग्रेजों मुगलों ने इसको, दी केवल बर्बादी।।
क्रांतिकारियों को जाता है, श्रेय आज यह सारा।
जश्न मनाओ आजादी का, हिंदुस्तान हमारा।।

भारत सोने की चिड़िया थी, लूटा भरसक सोना।
हीरे मोती रत्न बहुत थे, तोड़ा था हर कोना।।
लाखों ने बलिदान दिया था, तब ये दुश्मन हारा।
जश्न मनाओ आजादी का, हिंदुस्तान हमारा।।

आधार छंद - त्रिभंगी छंद (सममात्रिक)
मात्रा - 32
यति - 10,8,8,6
पदांत -प्रत्येक चरणके अंत में \$ गुरु अनिवार्य

शीर्षक - भीगा है सावन (5) युग्म

भीगा है सावन, मास सुपावन, सखियाँ गावें, दे ताली।
प्रिय पावस आया, सबको भाया, याद करो वह, हरियाली।

गिरती जल धारा, सावन प्यारा, सबसे न्यारा, मन हर्षा।
रिमझिम है पानी, बरसा रानी, लगे सुहानी, यह बर्षा।

सावन के झूले, मितवा भूले, रिमझिम बारिश, बरस रही।
यौवन तड़पाए,अगन लगाए, विरह व्यथा से, तरस रही।।

अब बादल तड़के, बिजली कड़के, हवा सनन सन, तेज वहे।
प्रियतम अब आओ,प्राण बचाओ, तुम्हें मिलन की,कौन कहे।।

शिव के जयकारे, लगते प्यारे, बम-बम भोले, रोज कहो।
देवालय जाओ, दर्शन पाओ,भोग लगाओ, मस्त रहो।।

विधा - गीत
कुल मात्रा - 32
आधार छंद - धौत (नव प्रस्तारित)
यति - (13,11,8)
पदांत - सगण (।।S)

शीर्षक - सच ही कहना (3 अंतरे)

कठिन समय आए भले, संकट में हो जान, सच ही कहना।
हरदम रखना एकता, करना सख्त विधान, जग में रहना।।

आतंकी घर-घाट हैं, करते नर संहार, घटती घटना।
सबक सिखाना है उन्हें, करके बज्र प्रहार, थोड़ा खटना।।
दो धारायें चल रहीं, भीषण हैं हालात, अब क्या कहना।
हरदम रखना एकता, करना सख्त विधान, जग में रहना।।

जैसे को तैसा करो, यह जीवन की रीत, आगे बढ़िए।
कब तक बैशाखी बनें, नहीं निभेगी प्रीत, मंजिल चढ़िए।।
अंधा यह कानून है, होते प्रतिदिन घात, कब तक सहना।
हरदम रखना एकता, करना सख्त विधान,जग में रहना।।

दो मुख वाले लोग हैं, करते हैं नुकसान, किससे डरना।
इनको अंदर कीजिए, कहता यही विधान, चिंतन करना।।
भाई चारा हो गया, अब लादो कानून, सबसे कहना।
हरदम रखना एकता, करना सख्त विधान,जग में रहना।।

विधा - गीत
कुल मात्रा - 32
आधार छंद - धौत (नव प्रस्तारित)
यति - (13,11,8)
पदांत - सगण (।।S) अनिवार्य

शीर्षक - रक्षित रहिए (3 अंतरे)

थोड़ा भी संदेह हो, संकट में हो जान, सबसे कहिए।
घर के बाहर घूरते, बैठे हैं शैतान, रक्षित रहिए।।

चौराहों पर हो रहा, नंगा नर्तन आज, किससे कहते।
बिगड़ रहे हालात अब, सारा दुखी समाज, चुप क्यों रहते।।
अन्यायी करते सदा, लोगों पर अन्याय,कब तक सहिए।
घर के बाहर घूरते, बैठे हैं शैतान, रक्षित रहिए।।

परंपरायें भूल कर, रचते नए विधान, पागल मानव।
खाते भक्ष्य अभक्ष्य हैं, भूले वेद पुराण, बनते दानव।।
भोग विलासी हो गए, नव युग के सब लोग, किससे कहिए।
घर के बाहर घूरते, बैठे हैं शैतान, रक्षित रहिए।।

लूट रहे हैं देश को, सत्ता में कुछ लोग, पहने खादी।
सोने की चिड़िया रहा, खूब किया उपयोग, की बर्बादी।।
करना जीवन धन्य था, किया नहीं सत्संग,थोड़ा सहिए।
घर के बाहर घूरते, बैठे हैं शैतान, रक्षित रहिए।।

विधा - गीत
कुल मात्रा - 38
आधार छंद - मनन (नव प्रस्तारित)
यति - (13,13,12)
पदांत - जगण (।$।)

सृजन शीर्षक - उमंग (3अंतरे)

दुष्ट कंस का आचरण, हुआ कृष्ण का अवतरण, उठती मन में उमंग।
मंगल तोरण साजते, नंद भवन में बाजते, तबला ढोलक मृदंग।।

हाथी घोड़ा पालकी, आज कन्हैया लाल की, सजते देखो तुरंग।
खुश है धरती अरु गगन, सब अपने में हैं मगन, शुभ है पावन प्रसंग।।

जन्में आधी रात को, भीषण इस बरसात को, यमुना भरती अथाह।
वासुदेव सर धार कर, यमुना जी को पार कर, गोकुल जाते उछाह।।

चरणों को जल चूमता, बापस आकर घूमता, उतरा सीधा प्रवाह।
नंद भवन में खुश सभी, शुरू हुआ उत्सव अभी, देते सारे सलाह।।

परिचय - वृहती (नवाक्षरावृत्ति - 512)
आधार छंद- अग्रिय (नव प्रस्तारित)
गणावली - रभस
अंकावली - S ।S-S ।।- ।।S

शीर्षक- तू हमेशा खुश रहना (3 युग्म)

कीमती जीवन बहना। तू हमेशा खुश रहना।
क्रोध में हो मन अपना। भूल जाता सब सपना।।
प्रेम की पावन सरिता। जिंदगी है यह कविता।
शब्द का संचय करना। कोष को भीतर भरना।।

ताप को भीषण सहता। मूल्य हीरा खुद कहता।
प्रेम है पावन झरना। आपको ही तय करना।।
श्रेष्ठता का गुण भर लो। साधना सार्थक कर लो।
भावना कोमल रखना। जिंदगी के फल चखना।।

जिंदगी प्रेमिल झरना। प्यार से ही हल करना।
इष्ट को ही तुम जपना। देह को आखिर खपना।।
दिव्यता भीतर भरना। संत जैसा मन करना।
जीत लोगे मन अपना। पूर्ण होगा तब सपना।।

परिचय - वृहती (नवाक्षरावृत्ति - 512)
आधार छंद- अग्रिय (नव प्रस्तारित)
गणावली - रभस
अंकावली - S ।S-S।।-।।S

शीर्षक- तू हमेशा खुश रहना (4 युग्म)

कीमती जीवन बहना। तू हमेशा खुश रहना।
प्रेम है पावन गहना। साथियों से यह कहना।।
श्रेष्ठता का गुण भर ले। प्रेम से ये मन हर ले।
साधना सार्थक कर ले। जिंदगी में भव तर ले।।

प्रेम की पावन सरिता। जिंदगी है यह कविता।
ज्ञान का संचय सविता, कौन जाने यह भविता।।
दुष्ट से क्यों अब डरना। प्रेम है पावन झरना।
शब्द का संचय करना। कोष को भीतर भरना।।

इष्ट को ही तुम जपना। देह को आखिर खपना।।
जीत लोगे मन अपना। पूर्ण होगा तब सपना।।
जिंदगी प्रेमिल गहरी। दिव्यता भीतर ठहरी।
भावना हो बम लहरी। देखिए जीवन शहरी।।

प्रेम की मंजिल चढ़ना। गर्व से जीवन गढ़ना।
नित्य आगे अब बढ़ना। शुद्ध साहित्यिक पढ़ना।
जिंदगी प्रेमिल झरना। दिव्यता भीतर भरना।
प्यार से ही हल करना। संत जैसा भव तरना।

विधा -- गीत
आधार छंद - मत्त सवैया/ राधेश्यामी
मात्रा- 32=2+12+2,2+12+2=32
पदांत - एक गुरु ($) अनिवार्य

सृजन शीर्षक - झूठा इस जग का नाता है

मन राम रमैया भज ले तू, माया में क्यों भटकाता है।
स्वारथ के रिश्ते नाते हैं, झूठा इस जग का नाता है।।

मतलब की है दुनिया सारी, मतलब से प्रेम बनाती है।
स्वारथ रग-रग में रचा बसा, स्वारथ से मिलने आती है।।
इस दुनिया में भाई अपना, स्वारथ का नीर बहाता है।
स्वारथ के रिश्ते नाते हैं, झूठा इस जग का नाता है।।

जब हम विपदा में होते हैं, उस वक्त लोग कट जाते हैं।
संकट में अपने निज भाई, जब हिस्सों में बट जाते हैं।।
इन रिश्तों से संसार दुखी, पर जिसे निभाना आता है।
स्वारथ के रिश्ते नाते हैं, झूठा इस जग का नाता है।।

मन राम रमैया भज ले तू, इसमें जीवन का सार छुपा।
दोनों स्वांसों के हृदय मध्य, जीवन का पालनहार छुपा।।
मनको अंतर्मुख करने की, जब विधि गुरुवर से पाता है।
स्वारथ के रिश्ते नाते हैं, झूठा इस जग का नाता है।।

विधा –– गीत
आधार छंद - मत्त सवैया/ राधेश्यामी
मात्रा- 32
पदांत - एक गुरु ($) अनिवार्य

सृजन शीर्षक - यह मेरी राम कहानी है

उपजाता कृषक अन्न देखो, रखता आँखों में पानी है।
करता है घाटे का सौदा, यह उसकी राम कहानी है।।

बारिश पर निर्भर रहता है, खेती ही एक सहारा है।
पानी को सदा तरसता है, ऐसा संसार हमारा है।।
बादल को नभ में देख रहा, यह उसकी टेक पुरानी है।
करता है घाटे का सौदा, यह उसकी राम कहानी है।।

मावठ पड़ती ओले गिरते, पड़ जाता कभी-कभी पाला।
रहता है एक भरोसा यह, कुछ तो देगा देने वाला।।
सबका दाता वह मालिक है, यह बात सभी ने मानी है।
करता है घाटे का सौदा, यह उसकी राम कहानी है।।

मेंड़ों का बना बिछौना वह, धरती पर ही सो जाता है।
तीनों मौसम सर पर जाते, वह सूखी रोटी खाता है।।
उठता प्रकृति के साथ सदा, यह उसकी एक निशानी है।
करता है घाटे का सौदा, यह उसकी राम कहानी है।।

परिचय- वृहती (नवाक्षरावृत्ति- 512)
आधार छंद- अग्रिय (नव प्रस्तारित)
गणावली- रभस
अंकावली- SIS-SII-IIS

सृजन शीर्षक- देख तेरे शरण पडे (3 युग्म)

पातकी द्वार पर खड़े। देख तेरे शरण पड़े।
रत्न ये देव पर जड़े। आदमी सत्य पर अड़े।।
साधना से मन भरना। आपदा से मत डरना।
स्वर्ग सा जीवन करना। जिंदगी में तब तरना।।

प्रेम की मंजिल चढ़ना। वेद सारे तुम पढ़ना।
मिल का पत्थर गढ़ना। जिंदगी में तब बढ़ना।।
दर्द थोड़ा जब सहना। आपसे क्या फिर कहना।
साथ में तू अब रहना। नीर सा निर्मल बहना।।

जिंदगी का सुख पलता। शाम को सूरज ढलता।
एक सिक्का तब चलता। आदमी को जब खलता।।
प्रेम से पावन करती। भावना प्रेमिल भरती।
जिंदगी के दुख हरती। माँ हमारी यह धरती।।

आधार छंद- *रुचिरा सममात्रिक मापनी मुक्त

यति -14,16

परिचय- महातैथिक 30 मात्रा

वर्ग भेद – (13,46, 269)

पदांत- एक गुरु आवश्यक

सृजन शीर्षक- कृपा करो माता रानी

कृपा करो माता रानी, हम साधकहैं शरण तिहारी।
पूजा नहीं जानते हम, रख लेना माँ लाज हमारी।।
करुणा की अवतार कहें, या ममता कीमूरत प्यारी।
तुम कल्याणी हो जग की, दक्षसुता माँ शैल कुमारी।।

पान बताशा ध्वजा चढ़े, आज नारियल तुम्हें चढ़ाऊँ।।
चूनर चढ़े लाल माता, तेरे दर पर शीश झुकाऊँ।।।
होम धूप से हवन करूँ, ढोलक झाँझर चंग बजाऊँ।
तेरे दर पर पेंड़ भरूँ, सुंदर गीत भजन भी गाऊँ।।

दुष्टों का संहार करो, माँ आज सभी अत्याचारी।
झूठ बुराई में जकड़े, दूर करो अब यह बीमारी।।
दर्शन है तेरा अंबे, इस जग में सबसे सुखकारी।
मैं नादान सदा पूजूँ,आस करूँ माँ आज तुम्हारी।।

कुल मात्रा- 32
आधार छंद- मत्त सवैया/ राधेश्यामी
यति- (16,16)
पदांत- एक गुरु (S) अनिवार्य
विधा- गीत

शीर्षक- इस माटी को चंदन मानो (3 अंतरे)

कर आज तिलक इस माटी का, इस माटी को चंदन मानो।
यह माटी वीर प्रसूता है, माँ से बढ़कर इसको जानो।।

इस पर खेले थे वीर शिवा, वह युद्ध कला पारंगत थे।
तलवारों में रानी झाँसी, जिनसे अँग्रेज असंगत थे।।
गोरों की नींद हराम हुई, अब तुम भी तो कुछ प्रण ठानो।
यह माटी वीर प्रसूता है, माँ से बढ़कर इसको जानो।।

लाखों की आहुतियाँ देकर, पाई है अपनी आजादी।
बलिदान हुए तब जाकर के, रोकी है अपनी बर्बादी।।
अब आँख उठाकर देखे जो, छाती पर शस्त्र सभी तानो।
यह माटी वीर प्रसूता है, माँ से बढ़कर इसको जानो।।

हम ज्ञान प्रदाता दुनिया के, सोने की चिड़िया कहलाए।
नालंदा जैसी शिक्षा के, तुमने कितने मंदिर ढाए।।
हम आज सभी से उत्तम हैं, अपनी कीमत को पहचानो।
यह माटी वीर प्रसूता है, माँ से बढ़कर इसको जानो।।

विधा- गीत
कुल मात्रा- 32
आधार छंद- मत्त सवैया/ राधेश्यामी छंद
यति- (16,16) (2+12+2)
पदांत- एक गुरु (S) अनिवार्य

शीर्षक- बलिदानों की गाथा कहते (3 अंतरे)

भारत की गौरव गाथा तो, दुनियाँ में है जानी-मानी।।
बलिदानों की गाथा कहते, कब थकते अपने सैनानी।

अँग्रेजों मुगलों से लोहा, लेकर हमनें बतलाया है।
तूफानों में सीना ताना, जब-जब भी संकट आया है।।
भारत के वीर सपूतों ने, जब तोप ठिकानों पर तानी।
बलिदानों की गाथा कहते, कब थकते अपने सैनानी।।

भारत सोने की चिड़िया है, यह विश्व पटल ने जानी थी।
अपने ऋषियों की शिक्षाएँ, संपूर्ण जगत ने मानी थी
अपनी खोजों पर नत होते, होती थी उनको हैरानी।
बलिदानों की गाथा कहते, कब थकते अपने सैनानी।।

कितनों ने कुर्बानी देकर, भारत का मान बढ़ाया है।
तब जाकर आजादी आई, हमने लोहा मनवाया है।।
रानी झाँसी ने ललकारा, माँगे थे तब सारे पानी।
बलिदानों की गाथा कहते, कब थकते अपने सैनानी।।

विधा -- समवार्णिक
आधार छंद - महाभुजंगप्रयात/ बाती सवैया
गणावली -- 8 यगण
अंकावली- ISS-ISS-ISS-ISS-ISS-ISS-ISS-ISS
पदांत -- ISS

शीर्षक - महादेव (3) युग्म

स्वयंभू रहे हैं महादेव भोले यहाँ वेश कैसा बना है निराला।
गले में पड़े है कई सर्प देखो डराती हमें है यहाँ मुंडमाला।।
जहाँ ढूँढते हो वहाँ वो नहीं हैं मिलेंगे नहीं वो शिवाला -शिवाला।
सदा नाम में लौ लगाए पड़े हैं नहीं ओढ़ते राम नामी दुशाला।।

सभी साज सामान देखो निराले सदा ध्यान में बैठते हैं हिमाला।
सभी देव में हैं निराले हमेशा महादेव हैं वो किए हैं उजाला।।
कहीं आप देखो मिलेंगे सुनंदी खड़े सामने ही मिलेंगे शिवाला।
बिछाते रहे हैं हमेशा उसे आज बाघंवरी या कहीं पै दुशाला।।

हमारे महादेव हैं आप दाता सदा संकटों में तुम्ही को पुकारा।
रहे हैं हमारे घरों में गणेशा हमेशा सभी ने उन्ही को दुलारा।।
कभी बाल बाँका हुआ ही नहीं है तुम्हीं ने दिया है हमेशा सहारा।
कभी भूत प्रेतों पिशाचों सभी ने कभी जी दुखाया नहीं है हमारा।।

अमृत ध्वनि छंद

6 पदीय मात्रिक छंद

विधानः- दोहा + मधुर ध्वनि छंद

13,11=24 मात्रा +8,8,8,=24 मात्रा

दोहा का प्रथम शब्द ही छंद का अंतिम शब्द होगा

शीर्षक - राम (3) युग्म

आई खुशियाँ विश्व में, हुए प्रतिष्ठित राम।
मंदिर आलोकित हुआ, बना राम का धाम।।
बना राम का, धाम दिव्यता, सबसे न्यारी।
दर्शन करने, आज गए हैं, सब नर नारी।।
कह नादाँ कवि, मूर्ख मिठाई, छक के खाई।
लगता है अब, राम राज्य की, बारी आई।।

सपना पूरा हो गया, करिए दूजा काम।
कृष्णजन्म भी मुक्तहो, बने दिव्य यह धाम।।
बने दिव्य यह, धाम लगे जो, सबसे न्यारा।
सुंदर होगा,   काम बनेगा, मंदिर प्यारा।।
कहनादाँ कवि, मूर्ख कृष्णका, मंदिर अपना।
पूरा होगा,   जल्द देखना, सबका सपना।।

आधार छंद - हरिगीतिका (सममात्रिक) छंद
मात्रा - 28
मापनी - $$।$-$$।$, $$।$-$$।$
पदांत - ।$ या $।$
हरिगीतिका छंद मुक्तक

शीर्षक - बौछार/फुहार

बौछार जब पड़ने लगी, भीगा बदन संसार का।
सावन बड़ा रसमय मना, आया मजा कुछ प्यार का।।
जब चाय के भी जायके, लेने लगे सारे वहाँ।
भजिया बनाने लग गए, दिन यूँ कटा इतवार का।।

रिमझिम गिरें बरसात जब, पिकनिक हमारी रोज हो।
हम घूमने जायें कहीं, सामान का कम बोझ हो।।
कुछ मौज मस्ती के लिए, गिरती फुहारें हों अगर।
हर बार जाएँ हम कहीं, नूतन जगह की खोज हो।।

सावन सुहाना जब लगे, रिमझिम गिरी बरसात हो।
चलते कहीं पर घूमने, अच्छी कहीं पर बात हो।।
रोमांस जग जाए जहाँ, ऐसी जगह ढूँढो कहीं।
लें मस्त जीवन के मजे, घर लौटते में रात हो।।

आधार छंद - मुकुन्द
कुल मात्रा - 50
यति- 14,14,12,10
पहला दूसरा, एवम तीसरा चौथा अंतर तुकांत
पदांत - जगण

शीर्षक - महान

जीवन में खुशियाँ आएँ, पूर्ण करें सद इच्छाएँ,
स्वर्णिम बनते विधान, खोजेंगे निदान।
इस मन को पावन रखना, स्वाद प्रेम का सब चखना,
देखे सारा जहान, बनकर के महान।।

गंगा सा निर्मल रहना, बात सभी की तुम सहना,
मंगल होगा विहान, सच्चे हों मितान।
ग्रंथों की बातें जाने, संतों को अपना माने,
बनना होगा सुजान, छोड़ो अब गुमान।।

आशीषों की खेती कर, थोड़ा ईश्वर से भी डर,
करना गीता प्रचार, उसका हो प्रसार।
मीठी वाणी तुम बोलो, हृदय द्वार अपने खोलो,
घट में खुद को निहार, त्यागो ये विकार।।

लोभ मोह से दूरी कर, मन में अपने गीता भर,
नैतिकता का विचार, जीवन में उतार।
सत्कर्मों की हो माला, अंक मिटेगा वह काला,
चिंतन से बन उदार, करता चल गुहार।

परम पिता को जानोगे, ग्रंथों को सच मानोगे,
बोलो धारा प्रवाह, संत बनें गवाह।
एक यहाँ सबका दाता, वही पिता है वह माता,
देता सबको सलाह, मन में रख उछाह।।

मूल्यवान मन की माला, स्वाँसों में डेरा डाला,
देता सबको पनाह, करता है निबाह।
गुरुवर से नाता जोड़ो, माया के बंधन तोड़ो,
छोड़ो सारे गुनाह, ज्ञान भरा अथाह।।

कुंडलिया छंद

शीर्षक - गीता

गीता गंगोदक पिओ, कहते कृष्ण मुरार।
यह वाणी है ज्ञान की, ब्रह्म तत्व का सार।।
ब्रह्म तत्व का सार, उसे खोजो फिर जानो।
खोजो सदगुरु संत, हृदय में खुद पहचानो।।
कह अशोक नादान, इसे जो नियमित पीता।
वह पाता है भेद, यही तो कहती गीता।।

आधार छंद - मुकुन्द
कुल मात्रा - 50
यति- 14,14,12,10
पदांत - जगण

शीर्षक - स्वभाव

जीवन में निश्चित होगा, कर्मों को सबने भोगा,
जिसका जैसा स्वभाव, वैसा ही लगाव।
सद्गुरु जब देते दीक्षा, सत्संगी लेता शिक्षा,
रखता हरदम पड़ाव, मिट जाता कुभाव।।

संतों की वाणी सुनिए, जीवन में बातें गुनिए,
मिट है जाता तनाव, हो जाता खिंचाव।
माया से रखना दूरी, रामायण पढ़ना पूरी,
गीता से कर बचाव, ऊर्ध रहे उठाव।।

अच्छी संगत ही करना, घाव दूसरों के भरना,
जीवन में कर प्रयास, पाएगा उजास।
सद्भावों की खेती कर, जीवन में खुशियों को भर,
बनाना होगा सुदास, तब होगा प्रभास।।

रंग भरेंगे जीवन में, पंछी चहकें उपवन में,
करने देना विलास, मत करना उदास।
प्रकृति हमारे जीवन में, खुशियाँ भरती चिंतन में,
देती हरदम सुबास, करती है विकास।।

बड़े भोर उठ कर योगा, देखेंगे जो भी होगा,
लेना सबकी सलाह, मन में रख उछाह।
श्रम से तुम मत घबराना, विपदाओं को है जाना,
जीवन होता अथाह, छोड़ो अब कराह।।

कर्म योग गीता कहती, शक्ति हमेशा कब रहती,
ग्रंथ हमेशा गवाह, तब होगा निबाह।
जीवन पथ को पहचानो, इस तन की महिमा जानो,
छोड़ो करना गुनाह, मिल जाती पनाह।।

कुंडलिया छंद

शीर्षक - नारी

नारी ने भगवान से, कब माँगा है त्राण।
यम से वापस ले लिए, सत्यवान के प्राण।।
सत्यवान के प्राण, छीन कर यम से लाई।
जग में हुई प्रसिद्ध, लौट कर घर को आई।।
कह मूरख नादान, अकेली सब पर भारी।
अमर हो गई आज, सती सावित्री नारी।।